コミュニティ経営のすすめ

あいだのある組織の作りかた

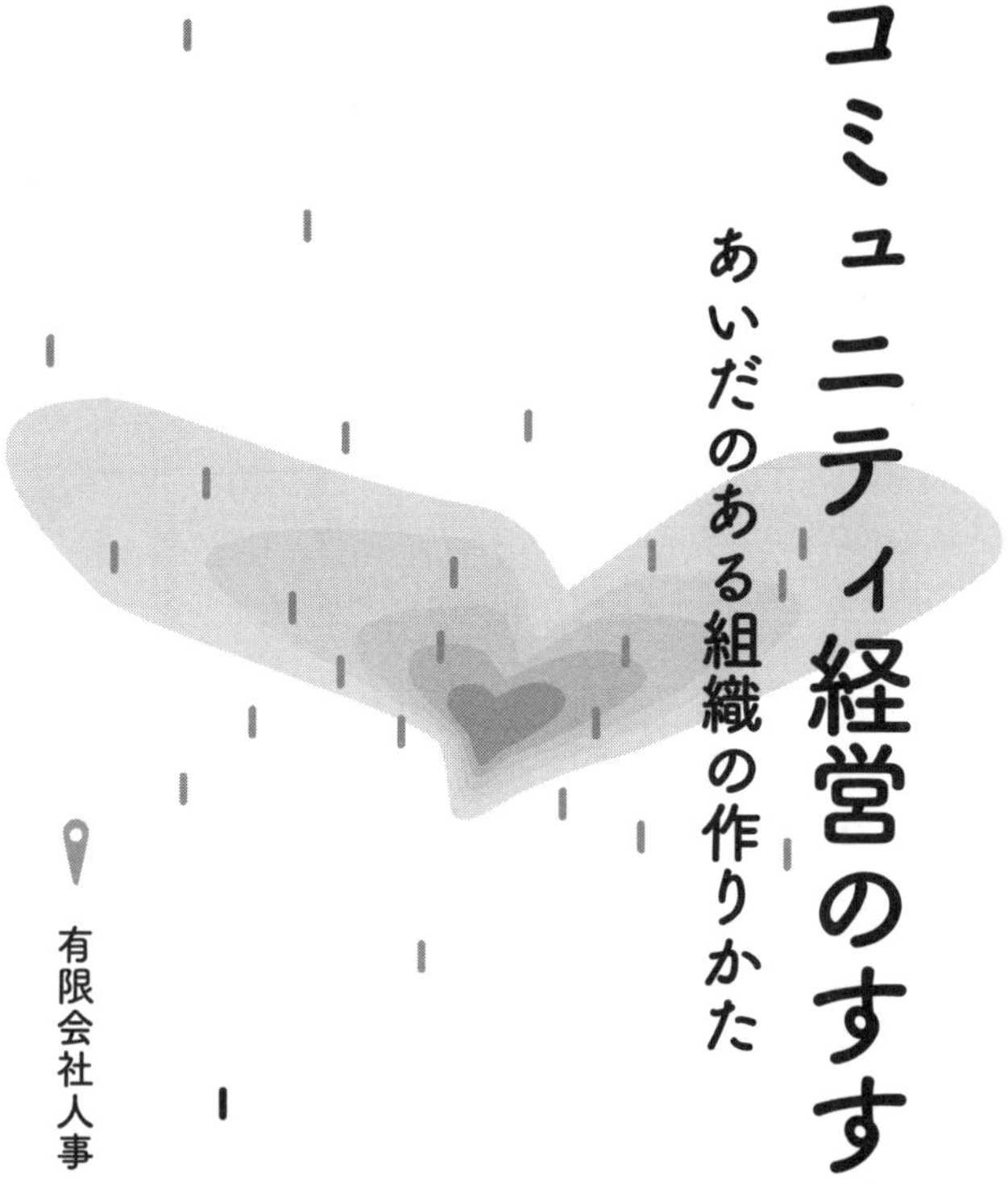

有限会社人事・労務

労働新聞社

はじめに

～手触り感ある働き方を取り戻すために～

弊社に併設し、10年以上にわたり地域活動などを行っている日本ＥＳ開発協会や９０３シティファームなどの団体には、毎年多くの学生を中心とした若者が活動に参画しています。彼ら、彼女らの多くはその後社会人となり、3年、5年経ってまた弊社に遊びに来てくれます。そこでの話を聞いていると、働くことや幸せというものに関する価値観がとても変化していることを感じます。「この仕事は本当に自分のやりたいことなのか」「この仕事で自分は社会の役に立っているのか」「この会社にいることで、成長し、幸せな人生を送ることができるのか」といった問いかけをもち、模索しながら働いている姿が、そこにはあるのです。そして、「社会に役立っているという実感を持ちながら働きたい」「つながりを大切に暮らしていきたい」「自分の個性を活かして没頭できる仕事を見つけたい」といった新しい時代の価値観へと移行してきていることを強く実感します。

少なくとも戦後からバブルの時期くらいまでは、働くということに対して、一つの成功モデルが存在していました。いい大学に入り、安定した大企業に入社して、出世して、豊かな人生を送る。実際にそのような人生が幸せだったのかはわかりませんが、少なくともそのような成功モデルのもとで、多くの人が働き、暮らしていました。企業はより多くの売上、利益を上げることを明確な目的とし、効率や生産性を追い求めてきました。資本主義社会の中で、テクノロジーの進化や国際化と共に、国を越えて競争がなされるようになり、機械化、分業化され、強固なピラミッド型のマネジメントシステムが理想とされてきました。さらに近年は、AI、SNS、バーチャル空間などが発展し、自分が取り組んでいる仕事が何を生み出しているのか、現実のものとして何が起こっているのか、実感しにくいものとなっています。このような手触り感のない時代においても、企業はその目的のために拡大、競争を続けざるを得ません。

しかし、東日本大震災やコロナ禍を経て、日本全体が経済的にも精神的にも危機的状況に直面する中で、普遍の価値観として信じていたものが、崩れ始めているとも言えます。企業は安定して成長し続けるわけではない。昇進すれば豊かな人生を送れるわけではない。自然災害が起こったら安心・安全な暮らしが一変する、等々。普遍だと信じてきたものがそうではないとわかり始めた時、「では、どうすれば良いのか? どう生きていけば良いのか?」と自身が主体として考え始めたのが、まさに今、であるのではないかと思うのです。

変化の兆しは社会のさまざまなところで生じています。世界的に注目を集めた書籍『ティール組織』が日本で特にベストセラーとなり、働く一人ひとりが手に取り、働き方や組織のあり方を考え始めていること。協同労働による地域の仕事おこしという働き方が法制化されたこと。複業や在宅勤務、社内起業やフリーランスなど働き方の多様化が一気に進んだこと。弊社の活動に集まっている若者たちのような存在もその一つでしょう。「今のままで良いのか」「また元に戻るべきなのか」等、これからの時代における働き方・暮らし方について主体的に考え、変化の一歩を踏み出してみようという動きが高まっていると言えます。

しかし、私たちの頭の中には、未だ従来の社会モデルによって刷り込まれた意識構造が思考の枠組みをつくっています。職場は、生活とは切り離された特殊な空間。郊外にマイホームをもち、長い時間をかけてその職場へ通勤し、仕事をする。そのような社会モデルが一般化されたからこそ、「ワーク（仕事）とライフ（生活）のバランスをとる＝ワーク・ライフ・バランス」という言葉が生まれました。しかし、本来、生活の中での困りごとを解決したりより良い生活を実現する必要性から、仕事が生まれてきました。一度、無意識に有している思考の枠組みをとっぱらい、ワーク・アズ・ライフ、ワーク・ライフ・インテグレーションといった言葉にみられるような〝幸せな生き方・暮らし方〟を探求する中から見えてくる働き方・仕事のあり方を考えてみる必要があるのではないかと思います。

そのために、自分たちがもつ固定的な概念や思考の枠組みがフィルターとなって、変化の一歩を抑え込んだり、若者たちの希望や可能性を失わせることがないよう、さまざまな変化の兆しから見える共通のもの・普遍の真理とは何なのか？　をお互いに問いかけ、対話を重ね、共通了解をつくっていく時期に来たと言えるのではないでしょうか。

〝人的資源管理〟という言葉に代表されるように、組織を機械論的に捉え、管理・統制をはかりながら価値を生み出していくこれまでの組織運営から、時代の要請は、生命論的な捉え方による組織運営へと変化しています。そこでは「多様性」が尊重され、多様な働き方・多様な価値観等の言葉が投げかけられるわけですが、多様性のもとでなぜ共通了解をつくるという遠回りなプロセスが重視されるのか？　その答えは、「現象学」にあると私たちは考えます。

現象学とは、19世紀後半から20世紀前半に活躍した哲学者・フッサールによって展開された分野で、「認識問題（正しく言い当てられるべき本質の〝正解〟がどこかに用意されているかという問い）を解き、誰もが納得できる仕方で本質についての洞察を深めていくための方法」を指します。

共通了解をつくっていくプロセスにおいては、そもそも正解は用意されていません。それは〝こたえは無い〟ということではなく、自分たちでこたえをつくり出していくという意味です。しかし、物事の本質を探究し自分たちでそのこたえをつくり出していく過程においては、必ず信念対立が起きます。それぞれの目の前には、それまでの体験・経験値から広がった世界観が広がっており、その世界観に基づく確信から、「この本質は〇〇である」というこたえがつくり出されます。それらが多様性においては一致することはなく、多様性を重視すればするほど、信念対立も生じがちです。そこで、それぞれの確信から成る本質を言葉にして外在化し、お互いが理解し合い、自分たちの本質について納得を深めていくことによって、共通了解をつくることができるわけです。

この共通了解をつくり出すプロセスを、組織という器においても取り入れていこうというのが、本書でお伝えする〝ＥＳを柱とした組織開発〟です。

働く一人ひとりには、それぞれの体験・経験値から広がる世界観における認知の枠組みや、意識構造が存在しています。その体験・経験の場所から考えて、「それが正しいか・美しいか・良いか」などの確信を得ています。

ですから、よく「いま起きているこの問題について客観的に判断しよう」といった投げかけが会議でなされることもありますが、それはあくまでも自身の主観の内側からの確信をもって「客観性がある」と言っているに過ぎません。真実はすべて自身の意識の中に存在しているのです。

これは「人事制度」という場面に置き換えてみても同様です。すなわち、人事制度を構築しようとしたときに、私たちは「全ての人事の事柄は、物理学のように、客観的、科学的そして実証主義的に、数字を用いることで捉える事ができる」という前提に立っています。しかし、これでは必ず、解決不可能の難問が生じることになります。

通常私たちは、それが正しいか美しいか、何が良いかなどを、さまざまな視点・角度からの体験をもとに判断しています。いちいち説明書を読んだり、ルールに照らし合わせたり、マニュアルを見て判断しているわけではありません。真理性、客観性の意味は、体験を通して、そこからの過程を見つめ直すことによって、汲み取ることができるのです。ですから、人事制度においても、本来は、精緻な基準や説明を設けたり、網羅的なマニュアルやルールを作成する必要はないはずです。体験から生まれる知覚に基づく確信は、同じ組織体・同じコミュニティにいる限り、複数の人間の間でほぼ一致するはずです。つまり、体験そのものを注視することによってそこから真善美の本質を取り出すことができるのです。それが、人事の世界において、現象学を取り入れ考えていこう、という所以です。

本書では、人事分野のさまざまな場面・局面において「対話」を軸とした体験の場をどのように取り入れ、施策として動かしていくかを説明しながら、これからの時代を生き抜く中小企業がどのような組織づくりに注力していくべきか、をお伝えしています。

人事制度は、客観的な現実を写し取るものではなく、その組織で働く社員の幸せや成長における何らかの必要性から生じてきたはずです。できる限り多くの社員に、その事を納得せしめる普遍的な考え方を作り出し、それに応えようとする営みとして人事考課等を設けていくべきです。万が一対立が生じた場合には、それを「客観的に正しいか」という判断に立つのではなく、双方の対立はどのような必要性や事実に促されて形成されてきたかを改めて意識することで、対立を解く可能性が見えてくると言えます。対話をベースとした組織開発は、人事制度における客観世界において、生活世界での主観を取り戻すために必要なのです。

多様な関係性が折り重なった場から醸成される空気をより良いものにしようとする働きかけは、時間もエネルギーも要するものではありますが、生命体としての組織を創造的なこころみでより良くしていく、最も人間性豊かな営みであるとも言えます。

今、多くの働く人たち、特に若手世代の中には、社会における自身の存在の実感を掴みきれない状態にある人たちが増えているとも言えます。ますます効率化され、機械的なシステムに組み込まれて働く中で、どのような人間的なつながりを感じることができるでしょうか。資本主義の中、ピラミッド型のマネジメントシステムは、確かに効率的で人類が全体として発展、成長するためには優れたものだったと思います。しかし、その仕組みは徐々にそこで働く人々の人間性や幸せな生活を奪い始めているように思うのです。

企業は利益を出すために走り続け、その存在を維持するために最適なシステムや人材が組み込まれるのは当たり前でした。しかし、この現実を根本から考え直さないといけないのではないでしょうか？　人々が本当に人間らしくその個性を発揮し、その個性がつながり、その結果として社会に役立つものを生み出していくような「人間性主体」の組織というものは存在できないものでしょうか。もちろん、長く今のシステムで社会が動いてきているのですぐには無理でしょう。しかし、ネットで世界とつながり、どんな情報でも瞬時に共有できるこれからの時代であれば、良質な関係性を構築することさえできれば、人々の個性の組み合わせを最適化し、クリエイティブで生産性の高い組織が生まれ、存在し続けることが可能なのではと思うのです。

私たちは、これまでのピラミッド型組織で、機械的にマネジメントされて働く組織は徐々になくなっていくのではないかと考えています。それに代わって、一人ひとりの個性が活かされ、その関係性の質を高めながら新たな価値を生み出し続ける「自律分散」的な組織が主流になってくると感じています。そこは、組織というより、一つの共感を軸とした「コミュニティ」といったほうがいいかもしれません。そして、そこで働く人は、決して組織の仕組みに機械的に従うのではなく、自身の個性を見い出しながら、他者の個性を大切にしていく中で、お互いがつながっていきます。そのプロセスの中で、「組織の声」を聴きながらお互いがお互いの存在を最大限活かしていける方法を自ら考え、実践することで、手触り感のある幸せな人生を送っていくことができるはずなのです。

今は、このような組織のあり方の転換期だと思います。私たちは日々、主に中小企業の働く現場で、人事・キャリア・労務の専門家として関わらせていただいています。本書では、その過渡期において、どのような視点を持ち、具体的にどのような施策に取り組みながら、組織の変容を促していくことができるのか、ご紹介します。本書が多くの企業の未来の働き方に少しでも参考になれば幸いです。

2023年10月　有限会社人事・労務　代表取締役　矢萩大輔

目　次

序章

２０２０年の幕が開いたとき、世の中が今のこのような状態になっているとは、いったいどこまで予想していたでしょうか。大量生産・大量消費社会の限界、新卒一括採用や年功序列型賃金など高度経済成長期から続く日本型人事制度の限界等々、さまざまな〝ひずみ〟の存在は目立ち始め、日本でもようやくＳＤＧｓといった世界標準の言葉が語られ始めた矢先、同じく世界規模で生じた新型コロナの影響から、日本経済も大きな変化を迫られることとなりました。

コロナ禍を経て迎えた、大きな時代のうねり。その中で企業の組織のあり方も一つの変化の時を迎えています。

右肩上がりの高度経済成長の時代が終わりを告げ、１９９０年代からの『失われた20年』、そしてリーマンショックを経て、いまやＶＵＣＡ[1]という言葉で表されるように、ＩＴなどの技術の進化もあり、時代はより複雑で変化のスピードがますます速くなっています。世の中が複雑化し、人々の価値観が多様化しているからこそ、企業にはその変化・ニーズにあわせたビジネスモデルや商品サービスを生

1　ＶＵＣＡ（ブーカ）＝Volatility（変動性・不安定さ）、Uncertainty（不確実性・不確定さ）、Complexity（複雑性）、Ambiguity（曖昧性・不明確さ）、の頭文字をとったもの。

み出すことが求められるようになりました。フェイスブックの「いいね」の数やツイッターのフォロワーの数のように、人々の共感の量を数で表すことができるようになり、元来、群れる習性のある人間は、その共感の存在・量を判断軸に物事を選択したり行動を起こしたりしやすくなりました。一方で、アルゴリズムにより〝志向に合った情報〟が自然と集まるＳＮＳの特性や、物理的な距離を越えて自在につながったりアクセスしたりしやすくなったインターネットの浸透により、自分の志向に合う・共感できる情報のみに身を投じやすくなっているとも言えます。ＩＣＴやＡＩの台頭は、一見、世の中の多様性やスピードを加速させ技術や私たち人間そのものを進化させているように見えますが、一方で、自身の志向・価値観と異なるものに対して寛容になりづらくなり、必ずしも受容しきれず無意識に排他性を高めてしまうという現象を生み出しているのです。

元来、群れることを習性にもつ我々人間にとって、共感性をもってつながることができれば「生きやすい＝幸福感を抱きやすい」世の中になっていると言える一方で、意識して社会性を高めていかないと、大量の情報に流され誤った選択をしたり、変化する意志・先を描く力を見失ったりということにもなりかねません。

市場のニーズも多様化し、収益性が高く、市場ニーズの高いサービス商品は、グローバルで激しい競争の市場に突入することとなりました。しかし、市場ニーズは高いが収益性はさほど高くない社会貢献・課題解決型のビジネスもさらに求められるようになるでしょう。そのような市場の変化を踏まえ、いかに顧客に寄り添い、ニーズに対応しながら新たな価値を創出するかが重要です。そのためには、組織の形を変え、顧客接点を増やしていくと共に、顧客の課題や要望を察知する力、それにこたえるために行動にうつし形にする力、多様なつながりをつくり動かしていく力など、組織の現場力と一人ひとりの人間性がますます必要な時代になってきたとも言えるのです。

このような社会において、企業が持続的に経営していくことを目指すには、「仕事を通して個々の変容・成長を後押しする組織」であることが重要です。社会に出ると、睡眠時間以外の多くの時間を「働く」ことに費やす私たちにとって、その働く場所での経験や環境がいかに自身の変容を促すかが、社会人としての成長の幅に影響します。成長しなくても良い、という考えもあるかもしれませんが、家庭を持ったり、親孝行したり、暮らす地域に貢献したり、友人と豊かな時間を過ごしたり、というさまざまな社会人生活を送る上で、変容し成長した方が、よりしなやかに社会の変化にも対応し、幸せ感のある人生を送ることができるはずです。

そのためには、企業として理念・文化に即した行動を強く求めながらも個々が自分の弱さをさらけ出して安心・安全に仕事をできる、という環境をつくらねばなりません。それによって、顧客に寄り添った形でイノベーションを起こし、スピーディーに商品サービスを市場に投入し続けることができるのです。

しかし一方で、企業が直面する課題そのものも、より複雑なものへと変化しつつあります。ジャルヴァース・R・ブッシュ教授によると、課題の性質は「技術的な課題」から、「適応を要する課題」へと変化してきているといいます（『対話型組織開発』英治出版）。

例えば、「働き方改革」の中でもよく話題にでる「長時間労働」の問題があります。「残業を減らす」という課題は、一昔前であれば「効率のよい機械を導入して労働時間を短縮する」「人員を増員する」「納期を延ばす」など、技術的な課題と捉えて直接的に対応して解決することがほとんどでした。しかし、多様な仕事を多様なメンバーが複雑に連携しながら行うことが多い現在の職場では、単に「機械を導入する」「人員を増員する」といった直接的な対応では解決することは難しいでしょう。裁量労働制で時間管理をされずに働いている人もいるでしょうし、在宅勤務や短時間勤務を行っている人もいます。ここ数年日本社会でも一気にリモートワークが浸透したことで、適応を要する複雑な課題に直面している職場も増えたことでしょう。例えば「上司の命令で働かされている」と不満に感じている者と、「自分のやりたい仕事を時間や場所にとらわれずに働けている」と意味付けている者が混在しているケースなどです。

職場それぞれの事情を理解し、「何が課題なのか」をメンバーが互いに問いかけ、共有して、解決策を検討していかなければ、表面的な対策となり、課題は解決されません。適応を要する複雑な課題においては、個々や組織の発達段階そのものを上げていく必要がありますし、1社だけで解決しようとする自前主義を捨てて、つながりを活かして複雑な課題と向き合っていかねばならないのです。

そのためには、従来のピラミッド型の管理・統制を重視した組織の形ではなく、よりフラットで柔軟なサーバント型、さらにはコミュニティ型の組織へと変化する必要があります。

このように、企業が直面する問題の多様化、ビジネスモデルの変化、そして働く個々の価値観や抱える事情の多様化もあり、日本も含めて世界中で同時多発的に「ピラミッド型組織」ではない新たな組織のあり方が模索され、実践されつつあるのが、今の時期であると言えます。これからの新しい組織の概念を取り入れた企業は、一人ひとりの個性や考え方が尊重され自由に働きながらも組織としてイノベーションを起こし続けています。このような新しい組織のあり方を、私たちは「コミュニティ経営」と呼び、ＥＳを軸に持続的な経営を実践しようとする中小企業にこそ、必要なあり方であると考えています。そして、コミュニティ経営を推進するためには、組織が生命体として自律分散な働きをしていかねばなりません。「はじめに」で触れた『ティール組織』に代表されるような「自律分散型組織」は、「社員自らが現場において自分の意志で判断・行動し、自律しつつも周囲との相互依存関係を築いていくことで、複雑な社会において自分の存在を最大限に活かすことができ、幸福感を抱きながら仕事をしている組織」です。リーダーの役割はこれまでとは大きく異なってきます。リーダーがメンバーをまとめ管理・統率していくのではなく、メンバーの個性を活かし、その成長を手助けすることが重要になります。いわば「まとめない」組織なのです。まとめなくてもメンバー一人ひとりが役割をおのずと認識し、組織としてベクトルをあわせて進んでいくことができる組織が、このＶＵＣＡの時代に求められるあり方なのです。

本書では、このような「中小企業におけるコミュニティ経営」のすすめ方を解説していきます。

■コミュニティ経営の実現のために

コミュニティ経営を実践するためには、組織が「管理・統制型」から「協働」そして「創発」を起こす「コミュニティ型組織」へと変容していく必要があります。その考えを図にすると、次のとおりです。

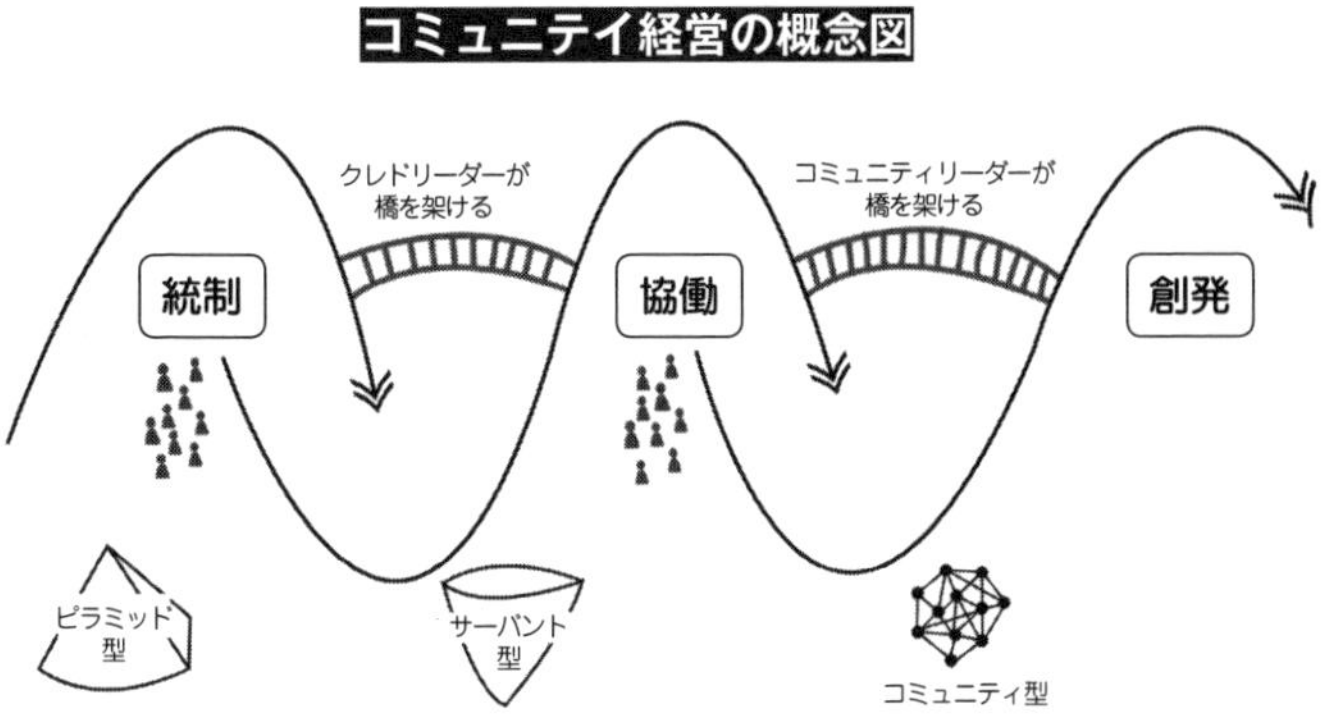

※社会変革ファシリテーター　ボブ・スティルガー博士が提唱する
「Two Loops Model」をもとに弊社が編集

「トゥループスモデル」とは、社会変革ファシリテーターであるボブ・スティルガーが提唱した生命論的な組織の捉え方です。自然界での春・夏・秋・冬という四季の中で、植物は芽が出て花が咲き、葉が茂り、実がなり、落葉し、幹や根で全体を支え、と栄枯盛衰を巡っていくのと同様に、職場やチームが形成されると時間と共にパフォーマンスが高まっていきますが、その時期がずっと続くわけではなく、社会状況の変化や時間の経過と共にいずれはそれまでと同様の繁栄を示せなくなる時期がやってきます。その時、そこには「再び繁栄をできるようにこれまでのやり方を何とか守り抜きたい」という力と「この流れに身を任せて枯れてゆくしかない」という力が作用し、組織が栄枯盛衰をたどっていく流れに対するせめぎ合いが生じることになります。その作用の中で、土壌に埋もれた種が芽吹くかのように「このまま枯れ行くのではなく、新たな力を高めていきたい」というイノベーター的な動きがうごめき出してきます。それらがつながり合い、新たな四季の巡りがそこからまた始まってゆく、というのが、トゥループスモデルに基づいた組織の変容の考えです。

私たちは、これまで関わりを持たせていただいた多くの中小企業やそこで働く人たちのありようを踏まえて、この栄枯盛衰のめぐりには、三つの状態があると捉えています。一つは「統制」。二つ目が「協働」、三つ目が「創発」です。

「統制」は、組織運営として、個々の役割や行動を管理し統制をはかることを重視する状態。「協働」は、個々の自律性や社会性の高まりと共に現場主体で価値創出や課題解決が為されていく状態。「創発」は、関係性が組織の外に開かれることで、社外人材の活用や社内起業の動きも起こりコミュニティとしての価値創出や課題解決が為されていく状態です。

第2章から、このトゥループスモデルに基づく組織の状態を踏まえた施策を解説していきたいと思いますが、それらの施策を企画・実行していく上でおさえておきたいことが2点あります。一つは、「組織の状態を把握し、かじとりをしていくこと」。もう一つは、「対話を大切にすること」です。

「組織の状態を把握し、かじとりをしていくこと」という点については、以下の図にある「機能体（機能としての組織）」と「共同体」いずれの状態にあるのかを見極めるということです。共同体的組織としての性質が強まっているならば秩序化を進め機能体的組織へとかじとりをする。機能体的組織としての性質が強まっているならばコミュ

組織の共同体化と共同体の秩序化の行き来がコミュニティ型組織

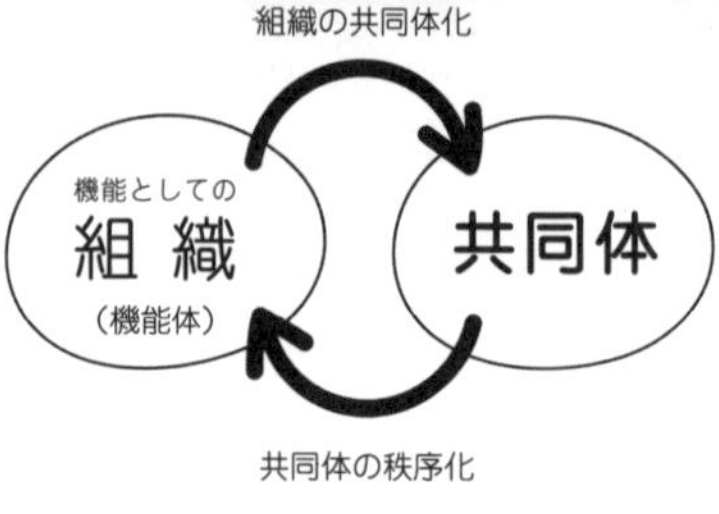

ニティ化を進め共同体的組織へとかじとりをする。どちらかの状態が望ましい、ということではなく、いずれの状態をも回転させていくことが重要、ということです。その回転スピードは、「統制」から「協働」「創発」と組織の段階が上がっていくにつれて早くなると言われています。例えば、統制の段階の組織においては、ピラミッド型組織という構造上、ＰＤＣＡサイクルに基づいて事業運営をしていくことが求められますが、協働から創発の段階になると、例えばＯＯＤＡループ（Ｏｂｓｅｒｖｅ観察／Ｏｒｉｅｎｔ状況判断・方向づけ／Ｄｅｃｉｄｅ意思決定／Ａｃｔ行動という四つのステップを繰り返すこと）のようなフレームワークを活用しながら、環境の変化に対応し新たな価値を生み出していくことが求められます。多くの中小企業においては、「よし、このタイミングでこの方向へかじを切ろう」と意志決定するのは社長自身で、その社長の存在が組織の重心となり運営されていくことが一般的ですが、その意志決定のもと現場で事業をまわしていくリーダーや社員一人ひとりが、高い内的動機付けで一つひとつのこころみや業務を意味付け、スピーディーに動かしていくことが必要です。そのとき、例えば共同体的な性質が強い状態だと、同質化が行き過ぎて組織の中に新たなチャレンジへの抵抗感が強く表れてしまったり、「こういうことに取り組むならばあのリーダーがやった方が良い」といった予定調和的なチーム編成になりがちです。そのようなときは、まずは「共同体的組織の秩序化」を進め、「壊す」そして「組み立て直す」という視点から組織を機能させるプロセスが必要となります（共同体の秩序化）。このようなかじとりのタイミングを見極めるためには、リアルタイムで組織の状態を把握することが求められ、その時に「サーベイフィードバック」の重要性が増すわけです（サーベイフィードバックについては第1章を参照）。

もう一つの「対話を大切にすること」については、いずれの施策においても軸となるものです。組織に生じている問題・課題に関し、対話が全てを解決するわけではありませんが、対話することを通して異なりが明確になったり、新たな視点や視座がもたらされ視野が広がることで、それまでは見えなかった問題に気付いたり課題を見出すことができます。

私たちは、現象学におけるやり方（本質観取）を取り入れて、さまざまな場面・局面における対話の場づくりを展開しています。

〈本質観取をグループワークで行うときの一般的なやり方〉

① 問題意識を出し合う
② 体験や用例を出し合う
③ 共通性の抽出、カテゴリー分け
④ 関連づけと根拠の考察
⑤ マトメの文章（本質記述）の作成
⑥ 最初の問題意識への応答

（『現象学とは何か』竹田青嗣、西研 著・河出書房新社・2020年12月「総論②本質観取をどのように行うか」より抜粋）

例えば、第2章で解説しているクレド導入プログラムは、この本質観取の手順を踏まえプロジェクトメンバーでの対話を通してクレドを創りあげていくプロセスであると言えます。また、先に述べた「適応を要する複雑な課題」と向き合う上で、企業同士が組織の枠を越えて連携したり、多様な顔ぶれが集まったプロジェクトを動かしていくためには、本質観取のやり方に沿って共通了解をとりながら（合意形成）、物事を動かしていくプロセスが必要となります。

■今求められるコミュニティ経営とは

中小企業におけるコミュニティ経営とは、「ＥＳ（人間性尊重）の考えを柱に、コミュニティ型の組織構造のもと、しなやかに事業運営していくこと」を指します。ＥＳとは、自分の「はたらき（仕事）」が組織の成長や地域社会の役に立ち、自身の成長（自分の理想的な人生）にもつながっている、という実感を持ち、それをよろこび・誇り・愛着として取り組んでいる状態を指します。そのようなＥＳの考えが土壌にしみこんだ組織として耕し、組織も働く個々も変容しながら社会性と開放性をもって、地域・他社・他者とのつながりを大切に働いていくことが求められます。本書では、そのための組織開発と人事のあり方についてお伝えしていきたいと思います。

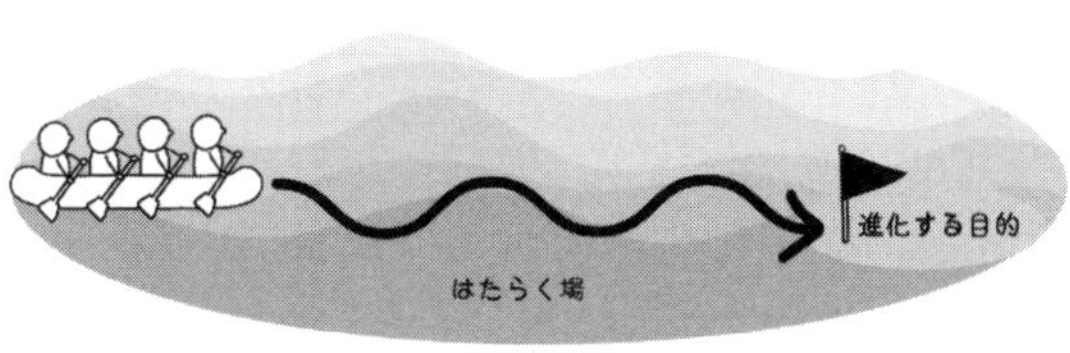

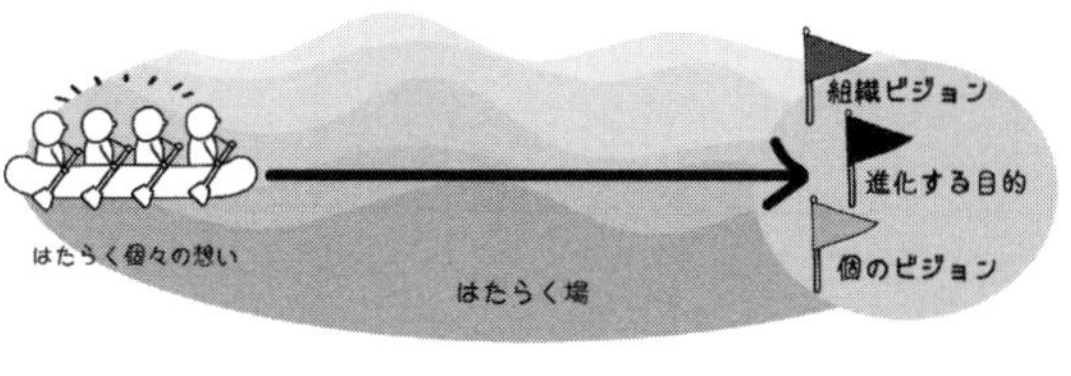

第1章 コミュニティ経営を実現する組織への変革

1. コミュニティ経営実現のために

私たちが考える「コミュニティ経営」とは、コミュニティの文化を柱に、多様なつながりのもとで事業と活動の両面をまわし、地域社会の課題解決・新たな価値創出に取り組む持続的な経営のあり方です。そのようなコミュニティ経営を推進する組織体を「コミュニティ型組織」と呼んでいます。

そもそもコミュニティとは、一人ひとりが主体的・自律的に動き、お互いの個性や考え方を尊重し人間性を発揮しながら働いたり学んだりできる状態で、イキイキとエネルギーに満ちた居場所、を指します。そして、コミュニティ経営を推進するためには、組織が自律分散な状態で運営されていることが重要で、本書では、そのための組織開発および人事の視点を紹介しています。

中小企業が「コミュニティ型組織」を目指す上で、組織と個人それぞれに重要なポイントがあります。組織においては、対話の習慣を根付かせ関係性の質を高めること。個人においては、認知のレベル（視野・気付きのレベル）を高めることです。この二つのポイントを意識することで、組織も個人も変容プロセスが進み、コミュニティ型組織として自律分散な運営をしやすくなります（すなわち18ページにおける〝創発〟の状態）。

現状の組織のままで、いきなりコミュニティ型組織を目指そうとしてもひずみが生じます。まずは組織そのものも、そこに属する個々も、自律分散的に働く形に適応できるように変容していく必要があるのです。このような組織と個人の変容を促す環境をつくるために用いる手法が、ES組織開発です。

2. 組織の変容の状態に目を向ける

個人にも組織にも、変容するプロセスがあります。個々が集まった集合体が組織であり、機械的なものではなく生命体として組織が成り立っていますので、個人の変化は組織の変化に影響します。しかしこれは、その組織に属する全員が変わらないと組織の変容は進まない、ということではありません。その組織を構成するメンバーの中で、軸になる存在・重心となっている存在が変容すれば、その組織そのものの状態にも作用するものがあります。

人と人との密度が濃い中小企業に焦点を当てると、「統制」の状態であれば、組織全体においては社長や幹部、部署においては部長等の管理職が〝重心となる存在〟になっているケースが多く、それらの存在の変化が周りにも作用することが多いでしょう。例えば、体育会系の思考が強かった幹部の考え方が変化し、部下たちとの関わり方も変わることで、同質化がやわらぎ多様性が進んで、職場風土が変容する、といった例です。しかしながら、「協働」の状態であれば、役職の有無や立場に関わらず、自身のおもいや〝とくい〟（得意・特異）を活かし合いながら相互作用を起こしていくでしょう。そして、自律分散な組織運営がなされている「創発」の状態ともなれば、自律した個々がつながり合い、組織として機能体と共同体を行き来しながらバランスを取っていると言えるでしょう。

3．個人のあり方の変容に目を向ける

「個人の変容」が促されることには、さまざまな要因が作用しています。家庭や身の回りで起きた事象など環境・空間が影響して物事の捉え方に変化が起きることもありますし、経験等を重ねることで認知のレベルが上がり視野・視座が変化していくこともあります。

ここでは、「成人発達理論」を一例に、個人の発達段階とはどのようなものなのか、みていきたいと思います。

人は、成人になってから生涯を通じて成長し続けることができる、という考えに基づいて人の発達段階を紐解いたものを「成人発達理論」と言います。オットー・ラスキーやカート・フィッシャーといった成人発達理論の論者から始まり、近年になるとロバート・キーガンなどの理論が日本で紹介される

ことも増えて来ました。

発達段階と言っても、決して人をラベリングするものではなく、段階が上だから良いというものでもなく、あくまでも人の意識構造（世界の見え方・物事の受け止め方を異なるものにする個々に備わる固有のレンズや器）の違いを段階（レベル）で表わしたものです。

具体的には、以下のように段階をたどっていくと言われています。

◎成人以降の意識の発達段階の変遷

■発達段階1：具体的思考段階

これは言葉を獲得したての子どもに見られるものであるため、今回の内容においては説明を省略。

■発達段階2：利己的段階（道具主義的段階）

きわめて自己中心的な認識の枠組みを持っている。自分の関心事項や欲求を満たすことに焦点が当てられており、他者の感情や思考を理解することが難しい。自身の関心事項や欲求を満たすために他者を道具のようにみなすことがある。

■発達段階3：他者依存段階（慣習的段階）

組織や集団に従属し、他者に依存する形で意志決定をする。自らの意志決定基準を持っておらず、他者（上司・組織・社会）の基準によって自身の行動が規定される。

■発達段階4：自己主導段階（自己著述段階）

自分なりの価値観や意志決定基準を設けることができ、自律的に行動できるようになる。自ら構築した行動基準によって主体的に行動し、自身の意見を明確に主張する。

■発達段階5：相互発達段階（自己認識段階）

自分の価値観や意見に捉われることなく、多様な価値観・意見などを汲み取りながら的確に意志決定ができる。自らの成長よりも他者の成長に意識のベクトルが向き、他者が成長することによって自らも成長するという相互発達の認識をもつ。他者と価値観や意見を共有し合いながらコミュニケーションを図る。（『なぜ部下とうまくいかないのか――「自他変革」の発達心理学』加藤洋平著より抜粋）

「人は、変わり続けることができる」。これは、特に人の成長に関わるリーダーにとっては、希望を感じる考え方です。〝何度言っても同じ失敗を繰り返す〟〝何を伝えても暖簾に腕押し状態〟――、そのような部下やチームメンバーと向き合う中で、時に「なぜ変わらないのか！」と叫びたくなり、〝人を育てる〟という役割を放棄したくなることもあるでしょう。しかし、「人を育てる」ことに関わるということは、実は、他者を変えるのではなく自分が変わっていくプロセスと丁寧に向き合っていくことでないかと思うのです。

自分が変われば周りも変わる、という言葉のとおり、リーダー自身の変容が他者の成長も促していく可能性も示唆していると言えます。すなわち、自分自身がまず「視野が広がりより俯瞰的に物事が観えるようになること」や「認知の枠組みが変わりより深く物事を捉えられるようになること」によって、他者との関わり方（コミュニケーションの取り方）が変化し、より良いつながりへと昇華させることができるということです。

ただし、「ピアジェ効果」という概念があります。「無理に成長・発達を促そうとすると、どこかで成長が止まってしまう」という現象です。部下やチームメンバーなどの他者を育てよう・成長させよう・変えようとしたときに、無理に成長を強いられた状態になるとその成長がどこかで止まってしまうというわけです。自分も含めた「人」が、そもそも成長・変化を望んでいるのか、そのために適切なタイミングで適切な課題・支援をもたらすことができているのか、に注視して、人の成長プロセスに関わっていく必要があると言えます。

例えば、十分に自律できていない社員が急に「自由に自分の考えで行動していいよ」と言われても、何をやれば良いのか、どう動くべきなのかが分からず、途方に暮れるだけでしょう。答えがある中で指示命令を受けて的確に行動することを重視する段階の社員を、いきなり自律分散な組織運営に組み込んでも、組織になじめないばかりか、視点・視野・視座の面でさまざまな認識の違いが生じ、人も組織も不幸になってしまうリスクが考えられます。そのため、リーダーをはじめとするメンバー個々が、どのような状態・段階にあり、どのような成長を遂げようとしているのか、丁寧に確認しながら組織づくりを進めて行くことが有効なのです。

わたしたちは、このような視点を踏まえて企業の組織の状態を多角的に捉えることが重要であると考えています。しかし、注意しないといけないのは、それらの視点の使い方です。あくまでも個々の社員が成長・変容を望んでいて、関係性で課題が生じている場合に、本書で引用しているような視点で、その当人の意識構造を観て捉えることが重要であると言えます。しかし、「人が人の意識構造や変容段階を捉える」ことを、日常の職場の中で実践するのは、なかなか容易なことではありません。対話の文化や内省の習慣を大切に根づかせながら、「他者との関わりを通して自己認識を深める」ことを一人ひとりが実践していくことが重要でしょう。そして、この視点はあくまでも「捉え方の一面」であり、「上の段階だから良い」だとか「この人はこの段階だから」等の決めつけ（固定的なメガネ）であってはならない、ということも理解しておく必要があります。

4．施策・制度をまわす組織の土壌を耕していくための視点

序章でお伝えしたように、組織は、「統制・管理する」ことで生み出す価値を高めていく状態、自

律した個々が結び付き「協働する」ことで生み出す価値を高めていく状態、そして組織において開放性が生まれ中だけではなく外とのつながりも活かしながら「創発する」ことで生み出す価値を高めていく状態、という三つの変容をたどっていきます。そこでは、先に述べたような「個人の発達段階」を踏まえて、組織に属する個々がどのような段階にあるのか（どのような視座でどのような視点をもちどのような視野の広がりをもっているのか）をみながら、組織がいまどの状態にあり、どこを目指していきたいのかを都度描き直していくことが重要です。生命体としての組織、という捉え方をすれば、組織は価値を生み出し続けながらも、常にその形を壊し続けてもいます。物理学においてエントロピー増大の法則があるように、組織は常に乱雑さが増大し、それらを壊し続けるという作用があるからこそ、秩序が保たれていきます。その「エネルギーが高まっていくこと」と「壊しながら新たに作り秩序立てて行くこと」という両面を繰り返しながら、組織としての良い状態を保って行くことが、生命体としての組織のあり方であり、そのために組織開発という手法があるのです。

組織開発を進める上で、おさえておくべき要点は以下の五つです。

① 関係性の質を高める

人そのものへの働きかけを人材開発と言い、人と人との関係性に働きかける手法である組織開発においては、「部品の組み合わせ」という機械論的な発想ではなく、生命論的な発想から組織を捉える視点が重要です。また、自チームだけではなく部署全体、あるいは全社やコミュニティ全体、といった視野の広がりが求められます。自身が属するチームや部署など大小さまざまな組織体において、第2章で述べる成功循環モデルがまわっているかどうか、注視することが重要です。

② 社員体験価値を意識する

Employee Experience（略してＥＸ）、直訳すると社員の体験価値であり、社員が組織において体験する場・機会を通して得る価値を意味します。今までは、顧客満足（Customer Satisfaction）という大きなくくりのなかで、どちらかというと画一的な見方で社員の給与や役職などの働く意欲を満たす方法を経営トップや人事では考えてきました。しかし、多様性の時代、働く個々の動機付けはさまざまです。自社の社員の働く体験価値（ＥＸ）を正しく把握し、そのＥＸを意識した施策・機会を設けて、個々の内的動機付けを強化していく環境をつくっていく「ＥＸデザイン」が重要です。

ある調査では、「入社初日に新入社員をウェルカムランチに連れて行った職場は定着率が上がる」という結果が出ています。ウェルカムランチという一見些細な機会が、実は「職場を知ること」「初対面の緊張を和らげること」等につながり、その後の円滑なコミュニケーションや愛着心の向上をもたらすのです。

ＥＸは、入社（あるいは採用活動時点）から始まり、退職まで常に影響します。例えば、新しく配属されるとき、家庭の事情で働き方を変えるとき、新たなポジションに就いたときなど、キャリアにおけるあらゆる機会・場が、「個々の社員の内的動機（心の火種）を刺激する経験」として強化されなければなりません。そのためには、「内的動機（心の火種）が刺激される（やりがいを感じる・ワクワクする・幸せな気持ちになる等）のはどのような時間か」を考え、そのような心の火種を刺激する機会・場を転出していく仕掛けが必要になってきます。心の火種には、例えば「承認（周りから認められること）」「成長（自己のキャリアを高めるための機会を得ること）」「能力の発揮（自己の興味関心や強みを活かし深められているという実感）」「人間関係（良いチームワークで取り組めていること）」などいくつかの種類があります。

〈参考〉EX調査手法

その〝組織の内的動機の傾向〟を把握する手段の一つとして、「EX調査」があります。EX調査は、デジタル（調査ツール）とアナログ（インタビュー）を組み合わせて行います。例えば、あるデジタルツールを用いて社員の価値観の傾向を測り、その結果を分析し、同質性の高さをみてみると、組織に属する社員の価値観がいくつかのタイプに分かれることが見えてきます。

また、心の火種は、幼少期からの育成環境やスポーツなどでの修羅場体験などが原体験となって育まれるので、「自分史シート（生まれてから現在までのできごと・出会い等の棚卸ワークシート）」を活用して、まずは自分の原体験を振り返り、心の火種のありかを掘り起こし、職場のさまざまな場で刺激を得られるような演出・デザインを考えるヒントにしても良いでしょう。

これからはEXの分析・把握という視点からのカルチャーフィット度合いや、メンターとして望ましい人材の選定など、チーム作りやキャリアデザインを考え、社員がおのずから役割を見出せる職場を形成していくことが重要です。そして、社員の個々の体験価値が、ＣＳにつながるという点があります。例えばお客様と接する社員が、職場に不満を持っていたり自社製品に誇りを持てなかったりしていたら、サービスの価値はお客様に正しく伝わらないでしょう。逆に、お客様との接点が、価値を生み出す重要な機会にもなります。良質な体験価値を実感できている社員は、誇り・自信・気概と言った要素を含め、良質なサービスを提供できるのです。

③ 対話と内省の習慣をつくる

人は、次なる目標を掲げた途端に、心の中で「その目標へのチャレンジを後ろに引っ張る無意識の力」が生じてしまうと言われています。例えば、ダイエットして「3カ月後にはマイナス5キロ」という目標を掲げた途端に、脂っこいものが食べたくなる。「エネルギッシュなリーダーを目指そう」と掲げた途端に悩みが噴出して落ち込みが激しくなる。このような現象に陥っているとき、本人の中には「今こうなると目標を遂行できなくても仕方ない」という理由ができてしまいます。この現象を重ねることで「できない理由」が確立してしまい、結果、目標へのチャレンジをストップさせてしまうのです。この仕組みは「自分を変えたいという欲求を阻害し、従来の自分を守りたいという無意識の心理」が働いて起きる現象だと言われています。

人は本質的に「変えたくない自分」「守りたい自分」を有しており、それを変えたら自身の大切なものが失われてしまう等の囚われに固定されています。しかしこれは、思想家ケン・ウィルバーが言う「ペルソナとシャドー」の存在であり、「こうありたい」「こうあるべき」という自分の理想像（ペルソナ）を描くほどに、もう一方の自分（シャドー）が強化されてしまうという考え方です。

この状態を克服するポイントは二つあります。一つは「自己のチャレンジを後ろに引っ張る囚われの存在をできる限り認識すること」。そして二つ目は「自身の知的レベルを上げていくこと」です。囚われをいきなり失くすのは、難儀です。囚われは、自分のここまでの生涯をかけて育まれた価値観でもあり、ペルソナを描くほどに強化された自身のシャドーでもあるため、それ自体を失くすほどの自己変容を促すのはとてもエネルギーがいる作業です。人によっては苦しみを伴う作業となるでしょう。まずは「こういうときに自分はこういう自分を守りたくてこういう囚われが強化されてこういう行動に出てしまうのだな」と自己認識を深めながら内省していくことが重要です。

内省とは、経験を踏まえてさまざまな視点から振り返ることです。なぜその結果に至ったのか理由を具体的に考え、どのような場面で快・不快の感情が生じたのかを考えていきます。特に不快（苦痛・嫌悪・後悔等）の感情は振り返ること自体を避けたくなるものですが、〝嫌なことに蓋をする（見なかったことにする）〟癖が生まれ、毎回同じ行動を繰り返すことになるため、あえて深掘り・内省する勇気も必要です。

内省した内容をチームのメンバーとも共有することで、自身の変容の度合いを他者と共に客観視することができ、囚われを捨てることへの恐れを緩和することができるでしょう。

そして、自身の認知レベルを上げるには、「他者のメガネを通して物事を捉え、靴を履き替えて視野を捉え直す」という内省を積み重ねることも重要です。例えば弊社のツール「GATE手帳」には、社会を捉える解像度が高いメガネをもった21人のリーダーが登場し、その人自身が大切にする三つのおもいをインタビュー形式で綴っています。その三つのおもいは、その人自身が世の中を捉える視点であり、スタンスによって描かれる〝あり方〟でもあります。デザイン思考によりそのような高みの世界観を疑似体験する感覚で、「その三つの視点（メガネ）を通して見えるものが何なのか」「その人の靴を借りて社会を歩んだときに何を感じたのか」を内省し、言語化して書き綴っていくのです。

人は、21日間行動を継続すると、それが習慣化し根付かせることができると言われています。「内省→気付き→概念化」というサイクルを回し、視点やスタンスを自己に刻み込んでいくと良いでしょう。そして、このような内省を進める上で何より大切なのは、「変わりたい」という意志があるかどうかです。変わる意志がない人にいくら自己変容の実践を促しても、内省はなされず、自己変容の効果は生まれません。もし周りに「変わるべき人材」がいるならば、まずは「自身が変わる必要性」を実感できる機会や場をつくり、自己変容の必要性を体感するところからスタートしても良いでしょう。

④　経験学習モデルをまわす

「自分が実際に経験したことから学びを得ること」を経験学習と言い、そのプロセスのことを「経験学習モデル」と呼びます。以下のとおり「経験→内省→概念化→実践」というサイクルを回していくことで、人は学びを重ね成長・変容していくという考え方です。

◇経験学習モデル

【経　験】：自ら考え動き、その結果を受け入れることによる具体的経験。成功体験だけでなく、自分では予測しきれなかった失敗体験も、経験学習においては重要なコンテンツです。

【内　省】：経験を踏まえさまざまな視点から振り返ること。なぜその結果に至ったのか理由を具体的に考え、どのような場面で快あるいは不快な感情が生じたのかを考えます。

【概念化】：内省により抽出された気付きをもとに、概括的な意味や教訓・学びをつかむことです。気付きを学びへシフトできないと、例えば「失敗経験を繰り返さないようにマニュアルを作る」といった表面的な置き換えしかできなくなります。概念化が苦手な場合は、歴史上の教えや理論などを引用することで、自身の気付きを学びに置き換えやすくなります。また、その経験の中にある「タイミング」「視座」「心がまえ」を整理して学びに活かすことも有効です。

【実　践】：人は日々さまざまな経験の連続で暮らしていますが、経験学習サイクルによって得た学びを実

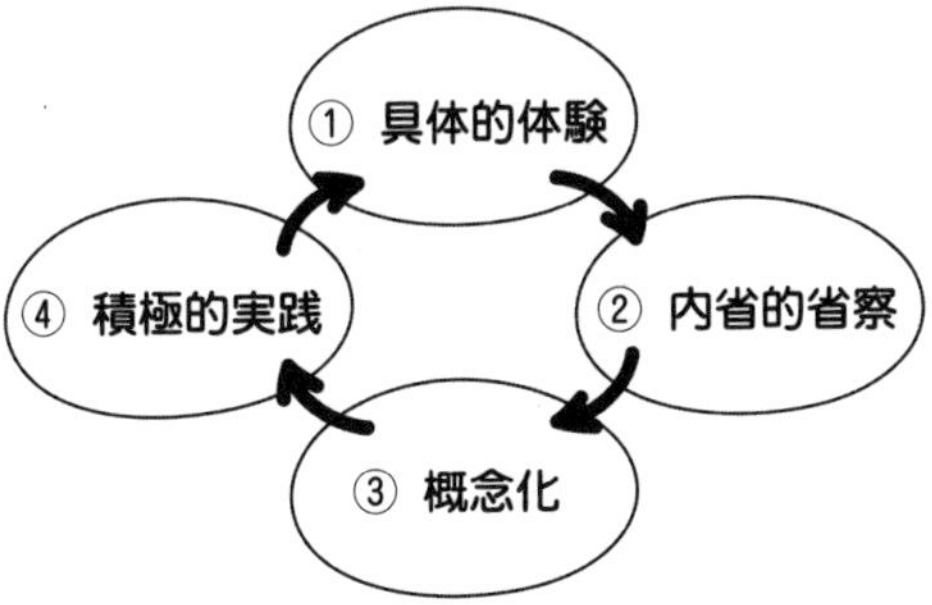

※心理学者デイヴィッド・A・コルブが提唱

際に試してみるという実践がないと、単なる仮説や固定化された囚われになりかねません。特に失敗経験からの学びの実践においては、「失敗したくない」という心理が働いて新たな実践を拒む無意識の抵抗が出がちなため「あえてやってみる」という勇気が重要です。

このような経験学習モデルを回していく上で大切なポイントは二つあります。

一つは「複数名での対話を意識すること」。経験した都度自身一人の頭の中でこのモデルを回していければ良いのですが、自身の視点・視野・視座が変わらないと常に同じ気付きしか得られません。例えば弊社併設の日本ES開発協会では毎年、日光街道を歩くイベント（東京・日本橋から栃木・日光東照宮までの147キロを歩き進む経験学習プログラム）を行っていますが、同じ道のりを同じタイミングで歩いても、そこから得る気付きは人それぞれです。体育会系の部活に身を置いてきた人は、この日光街道の行程においても「いかに踏破するか」「いかにマインドを高めて歩くか」といった視点でチャレンジするケースが多く、また、職場でリーダーの立場にある人は、初対面の参加者同士の関係性やチームワークに意識を向けて臨むケースが多く見られます。つまり、その人それぞれの文脈で経験の機会に臨み、自身の視点（メガネ）から得た気付きを踏まえて内省する、というプロセスです。そうなると、自身のメガネに何らかの固定概念が潜んでいる場合、せっかく内省しても自身が観える世界（視野）の範囲でしか意味付けができないため、学習の深まりが限られてしまいます。だからこそ、他者の視点を取り入れて新たな気付きを得るために、あえて他者と話をしながら（＝対話）、経験学習モデルをまわしていくのです。同イベントでも、道中や行程終了後に対話・振り返りの時間を設けるようにしています。

もう一つは「事実と解釈を分けること」です。そのためには、起きたこと・体験したことを客観的に捉えたり、自分という主体から離れて他者視点で捉えたりする意識が必要です。とかく私たちは、体験したこととそこで生じた感覚・感情をひとくくりで捉えがちです。それによってネガティブな側面しか見えなくなることもあります。主体と客体、主観と客観のスイッチを意識して切り替えることができれば、経験に対してプラスの解釈もできるようになり、経験学習の良い循環を回すことができます。その際に参考になるのが、「何を観たか／何を考えているか／何を感じているか／何をしたいか」という切り口で分解して表現していくやり方です。これは、ジャルヴァース・R・ブッシュ氏が提唱する〝認知の枠組み〟の視点です。心理的安全性のある場（何を言っても否定されないという空気づくり）を担保しながら、これらに沿って自身の言葉を述べていくと、思考が整理され対話を促しやすくなります。

米国で成功した企業のマネージャーをインタビューした調査によると、それらのマネージャーの成長の7割は〝経験〟によるものとされ、残り2割が〝他者からの学び〟、1割は〝本や研修によるもの〟という結果が出ています。これは、やみくもに経験を重ねれば成長を促せる、ということではなく、経験値に加えて〝学習する力〟が必要で、特に「内省」の力が大きく影響すると言えます。

⑤ 心理的安全性を強化する

個々のメンバーが役割を見出し自由に動ける状況に身を置いた時、良いパフォーマンスを発揮するためには、「安心・安全な空気感を作ること」が重要です。「これを言ったら叱られるのでは」「この話をしたら嫌な顔されそう」といった不安感や不信感があるうちは、それがチャレンジや貢献意識を抑制する力として作用し、他者との相乗効果を生み出すことができません。

安心・安全な空気感というのは、すなわち心理学でいう「心理的安全性（psychological safety）」のことです。「メンバー一人ひとりがチームにおいて気兼ねなく発言したり本来の自分をさらけ出せると感じられる場の状態」を指し、グーグル社の社内プロジェクトにおける調査が有名です。

心理的安全性が高いというのは、例えば、失敗体験や直面している課題など自身の弱さをさらけ出しやすい雰囲気を作ることです。あるいは健康状態や家庭のことなど業務以外のことも開示できる雰囲気を作ることを言います。新人・若手社員においては、心理的安全性の高さは、働きやすい職場として定着率にも好影響をもたらしますし、リーダーにおいては、自身のチームに心理的安全性を醸成することがメンバーのパフォーマンスにも影響するため、自身がまずは心理的安全性のもとで仕事に取り組めているかどうかが重要です。

5. 人事にまつわるデータから何を見出すか

■デジタル化が職場にもたらしたもの

多くの日本企業においては、終身雇用・年功序列の日本型経営が成果主義へと変化してきた結果、人と人のつながり・コミュニケーションが低下してきている、という状況があります。つながり（関係性）が低下した組織では、やる気・自信・困難に対処する力といった働く上での〝心の資源〟は十分に育たなくなります。また、組織の活性化や生産性の向上は、今やすべての企業にとっての課題だと言えますが、現代を生きるビジネスパーソンは強いストレス状況にさらされる機会が多くなっており、これらのストレスに適応・回復できる能力としての「レジリエンス」の必要性が高まっています。社員のレジリエンスを高めることは、組織のレジリエンスを高め、困難や変化にも柔軟に対応できるしなやかな強さを持つ企業に変容していくことを意味します。

コロナ禍で、「職場に居る意味」や「組織に所属する意味」が問われるようになりました。リモートワークによって、自宅など職場ではない所でも業務がまわるという実感を得たことで、職場というリアルの場の意味が問い直されているとも言えます。実際、物件を解約して職場を無くしたり、これまでとは異なる小さなスペースへと移転したりというケースもありました。また、通勤時間が無くなり生まれた時間を活かして副業を始めたことで、自身のキャリアに主体的になった人もいれば、それに翻弄され逆に主体性を失ってしまうケースもあると言えます。属している組織に対する貢献意識のことを「エンゲージメント」と言いますが、「仕事＝職場で働くこと」というこれまでの〝当たり前〟が物理的に崩れたこの時代において、エンゲージメントを高める意味もますます高まっていると言えます。

ＨＲテクノロジー元年と言われる２０１８年を皮切りに、さまざまなデジタルツールが生まれ始め、世の中は大量の情報と共に目まぐるしく変化しています。手軽に便利なデジタルツールを取り入れることが可能になったことで、今までなかなか情報共有が進まなかった中小企業でも情報の見える化をしやすくなったと共に、エンゲージメントを高めるツールとしても活用する動きが出てきました。会議の様子や作業行程を録画して動画メディアとして社内共有したり、Chatwork や Slack などを取り入れてプロジェクト管理やコミュニケーションのために活用したり、といった動きは、私たちが関わる企業においても加速しています。

しかし、「それなりの費用をかけて取り入れてみたはいいものの…」という状態にもなりがちです。せっかく導入したツールを一部の人しか使わず、組織全体での業務の見える化・情報の共有化という目的にまでは至っていなかったり、そもそも設定や操作のしかたがわからず頓挫してしまうことでデジタルツールに対する苦手意識・拒絶反応が高まってしまったり。特に、ＨＲテクノロジーの進展で多くのサービスが生まれた組織調査関連ツールについては、「一度は調査したけれど2回目以降に続かない」「調査結果のフィードバックがなされない」「調査で問題が顕在化したけれど蓋をする」といった状況も起きがちです。

組織づくりにおいてデジタルを取り入れることで、さまざまなデータを吐き出し、定性的なものを定量的に捉えることがやりやすくなります。しかし、「結果から何が分かるか」「数字が高いか(低いか)」といった機械論的な思考ではなく、記号として示されたそれらの統計データが、組織全体・自分たちにとってどんな意味を成すのかを考え、皆で本質を見出していくことが重要です。組織診断ツールやタレントマネジメントツールなどさまざまなクラウドツールも、そこから生まれたデータをいかに捉えるか、という視点で導入することをおすすめします。そして、サーベイフィードバックという手法を用いて、データを活用していくことが重要です。

■デジタルツールを活用したサーベイフィードバックの進め方

サーベイフィードバックとは、組織運営において行われた調査によって得られたデータを組織のメンバーにフィードバックすることで、対話を促し組織の未来像を描いていく組織開発の手法です。1950年代から既に取り組まれており、組織づくり・人材育成両面で活用されてきました。

その目的は「組織をより良くすること」、組織変革です。しかし誤解してはならないのが、「調査をするから組織が変わる」のではなく、「調査を踏まえた対話の習慣が根づくことで組織が変わっていく」という点です。

立教大学経営学部の中原淳教授は、サーベイフィードバックは三つの効果をもたらすと述べています。

①コレクション効果………サーベイがメッセージになり組織にリマインドをもたらす。
②フィードバック効果……現場に返されたデータが組織メンバーに解釈され、そこで起こる「不一致」こそが組織を揺さぶる。
③外在化効果……………サーベイがあることでメンバーが不満や提案を「言える化」する。

特に私たちは、③の外在化効果を重視しています。サーベイを行い、そこから吐き出されたデータや分析結果を目にすることで、「自分ってこうだったんだ」「私たちの職場ってこうだったんだ」と〝自分あるいは自分たちという存在から一度離れた視座〟から客観的に新たな気付きを得ることができます。それによって、〝組織のこと＝会社（リーダー）が考えること〟という固定概念を壊し、「自分ごと」「自分たちごと」として組織を捉える状態へ変容するきっかけになります。ここに、組織やそこにある個の状態を客観視して、変容を促せるという人事データ活用の意義があると考えます。

6.「ハピネス5」による組織の定点チェック

■職場に良いエネルギーが循環していく五つの指標とは

組織の状態という定性的なものを定量化して見える化する上では、以下の五つの項目（ハピネス5）のように組織の定点チェックとしてモニタリングすると良いでしょう。

ハピネス5とは、組織運営に必要な要素である以下の五つの指標に関し、パソコンやスマートフォンといった自身のデバイスによる投稿によってデータをとり、職場のエネルギーの状態を見える化するものです。

ハピネス5

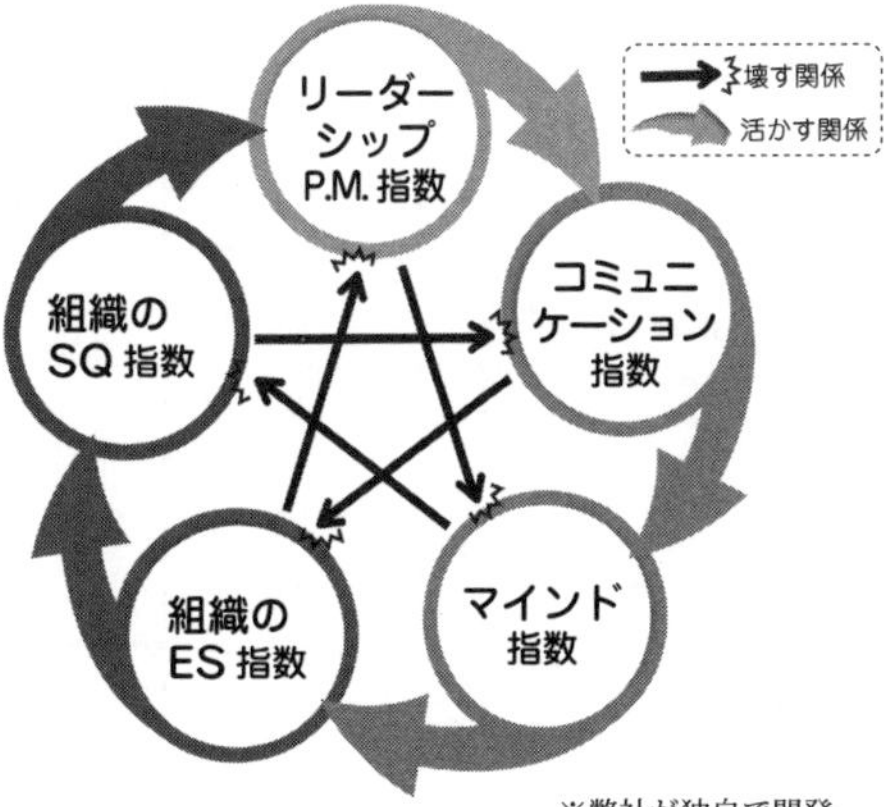

※弊社が独自で開発

◇ハピネス5

①リーダーシップ	「パフォーマンス（業績向上のための働きかけ）」「メンテナンス（チームの状態を良くするための働きかけ）」の度合いを軸に、個々のリーダーシップの傾向をはかるもの。
②コミュニケーション	「到達度（自分の知り合いの知り合いまでのつながりを辿った時に、何人の人達とつながることができるのか。つまり、自分が有益な情報や能力と出会いやすいかを示す指標）」「結束度（自分の知り合い同士が知り合いである数。現場で自律的に問題解決できるかの指標となる）」等の指標を用いて、職場内のコミュニケーションの活性度合いをはかるもの。
③マインド	個々がどのような心身の状態で仕事に取り組んでいるかをはかるもの。
④ES	仕事を通した充実感やつながり意識、成長の機会の有無の実感をはかるもの。

⑤SQ	社会性をはかる指標SQ（Social Quotient）を用いて、社内はもちろん社外での人との関わり方やつながりの広げ方の傾向をはかるもの。

これらの指標は、相互に補完し合いバランスを保っています。

例えば、チームにおいて良いリーダーシップが発揮されていると、そこでのコミュニケーションはより円滑に機能します（リーダーシップ⇩コミュニケーション）。逆に、リーダーシップが強すぎると、個々のマインドの状態に影響してしまうこともあるでしょう（リーダーシップ⇩マインド）。さらに、個々のマインドが下がった状態で社外との接点をつくっても自己肯定感が低い状態でつながりを持つことになり良い関係性を築くのは難しいと言えます（マインド⇩SQ）。

このように互いに要素を補い影響を強めるものもあれば、互いに要素を抑え弱める影響を与えるものもある五つのハピネス指標によって組織が成り立っている、という考え方は、東洋思想に通じるものもあります。すなわち、五つの要素が循環することによって万物が生成される自然界（陰陽五行）と同様に、組織においても、これら五つのハピネス指標があることで組織が成り立ち、良い循環がなされる、という考えです。

また、これらの指標は、さまざまなデジタルツールを活用してデータで見える化し、人事部や経営陣だけではなく職場のメンバー皆で共有していく、という点が重要です。そして、数値をロジカルに把握するだけではなく、そのような数値に至った経緯として、起きた出来事や生じている問題等を言葉で語り合う、という行為にも意味があります。

「語る（ナラティブ）」という行為は、職場のメンバーそれぞれが持つ価値観や文脈を言語化して伝え合うことで伝え合うことでお互いに知り合い、異なりを明らかにすることにもつながります。「異なっている」のは悪いことではなく、それが良い意味での境目となって役割を描き出し、個々の自律的な行動を促すエネルギーを生み出してくれます。このようなナラティブの場として、例えば「IRODORI会議」があります。IRODORI会議は、共に業務に取り組むメンバーが定期的に集まり、組織のコミュニケーションの状態やリーダーシップのあり方、個々のマインドの状態などをハピネス5指数に基づいて対話する場です。データ分析によって客観的に見える化された指標を皆で共有し、振り返りと目標設定・共有を行うと共に、個々の語り（ナラティブ）の要素を盛り込むことで互いの文脈を正しく共有し合う効果があります。

このハピネス5による組織の状態の見える化のベースにあるのは、「一人ひとりが当事者意識をもって現場での問題解決にあたり、良い価値を生み出すために経営に参画していく」という自律分散な組織運営の考えです。主観的・抽象的に表現されがちなこれらの指標を、各種デジタルツールを用いて数値化することで、組織で見える化・共有化しやすくなり、組織の変容度合いに気付く力を養うことができるのです。

7．ネットワーク分析による「つながりの見える化」

●ネットワーク分析で「人と人との関わり方」を見える化する

ＥＳの視点で「関係性（つながり）」という言葉を整理すると、〝メンバー同士のつながりの状態〟〝仕事そのものに対するこだわり・気概〟〝商品サービスに関する誇り〟〝組織のメンバーとしての貢献意識〟〝地域社会とのつながり意識〟という五つの要素があります（詳しくは52ページを参照）。これらの関係性を良くする働きかけが「組織開発」であるわけですが、中でも、〝メンバー同士のつながりの状態〟について、私たちは「ソシオグラム」というデータ分析を行い、職場のコミュニケーションのあり方や意思決定のスピードを見ています。すなわち、コミュニケーションの見える化、コミュニケーションの質とスピード（量）に関する科学的な分析です。

ある農業法人の事例をご紹介します。この会社は、現場で問題が生じる都度全て社長に確認や相談が集まり、問題解決がスピーディーに進まないことが悩みでした。また、せっかくパート・アルバイト等の人材が新しく入っても、法人としての理念が共有できないままなかなか定着しないという現状もありました。そこで、一定期間のコミュニケーションの度合いをはかり、そのデータを分析してソシオグラム（人と人の関係性を見える化）をつくり、IRODORI会議で共有するようにしました。

ソシオグラムでは、組織を束ねる農場長に関係性は集まり社長ともつながっていますが、さらに現場を率いる各主任とは関係性が弱いことがわかりました。また、パート・アルバイトや新人の中にはつながりの線を有していない者も見られ、チーム内での情報伝達や意思疎通がスムーズでない状態が見受けられました。月1回のIRODORI会議は、農作業後の時間を使って、ソシオグラムを見ながら各自の気付きや問題意識等を語りました。日々の業務に追われ見失いがちな農業へのおもいや入社した経緯などを伝えたり、現場で生じた問題への対応のしかたについて振り返りを行いながら、職場内の情報共有や連携の取り方などの改善策を話し合っていきました。

ソシオグラム

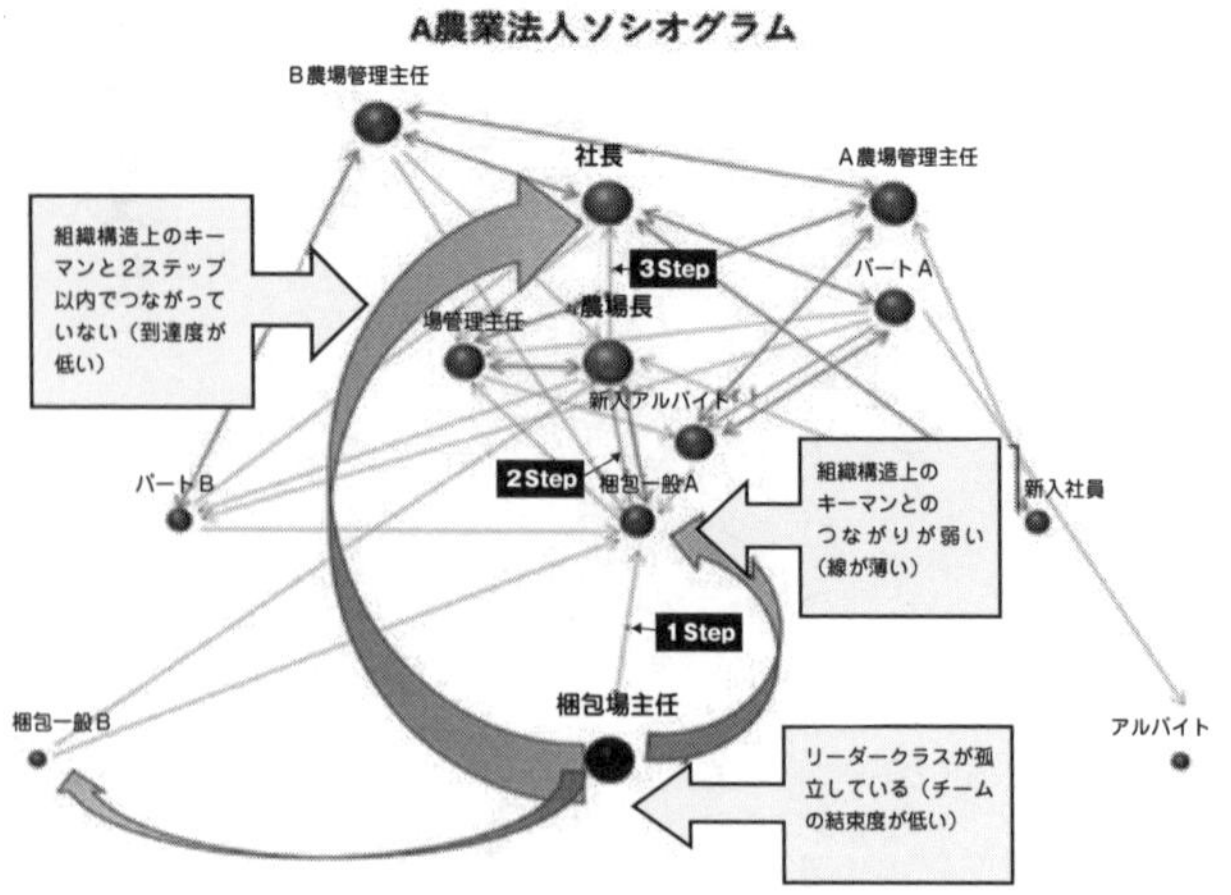

第2章

生命体としての組織への理解

コミュニティ型組織への最初の一歩は情報の共有化から

1．ピラミッド型組織からサーバント型、そしてコミュニティ型組織への移行

「組織の自律性を高めるにはどうすれば良いですか？」

「我が社の社員は言わないと動かない、言われても動かない社員ばかりでどうしたら良いのか？」

「私（社長）の考えが、全社員に届かない、組織のコミュニケーションをもっと改善したい」

等、さまざまな相談が経営者の皆さんから寄せられます。


エントロピー増大の法則さながら、組織は放っておくと複雑性がますます高まり、ともすれば「膨張」となり、今まで3人で100の仕事をやっていたことを5人でやっと100の仕事をやるような効率の悪い組織になることもあります。企業は顧客に寄り添い、顧客と共に商品やサービスをつくり、社員が自律的にイキイキと働く風通しの良い組織を作りたいと思っていますが、なかなかうまくいきません。

マズローの欲求5段階説でもいわれているように、人間は本来、下位の安全・生理的欲求から第3の親和の欲求、第4の承認の欲求、第5の自己実現の欲求へと変容していきます。また、人間は生まれながらにして、周りとつながりながら人間性を高めていきたいという欲求（集団欲／群居本能）を持っています。それが実現できるのが、「働く」という行為でもあります。

私たちの中には無意識に、「働くこと=会社に入ること、職場で仕事すること、指示のもと動くこと」といった固定観念が生まれ、それ故に、思い描いていた理想的な会社でないと不満を感じたり、職場にいることが勤務時間でそれ以外の時間での仕事は仕事ではないと捉えたり、明確な指示がないと動けなかったり、という状態に陥りがちですが、本来「働く」とは「傍を楽にすること」。共に居る・共に在る人たちや関わりある人たちを楽にする（幸せにする）という観点で仕事観を捉えてみると、暮らしの中にも「働く」は存在することに気付きます。「他者に貢献したい」「他者とつながっていたい」「成長の実感を持ちたい」といった人間が本来もつ内的動機を大切にしながら、固定観念を解き放って仕事と向き合う環境をつくることも大切ではないでしょうか。

そして、生命であり自然の一部である人間の集まりである組織もまた自然の一部である、という考えを持ってみると、会社も一つの生命体であると言えます。しかし私たちは、会社を会計上の数字や法律の枠組みを踏まえ、単なるモノや機械のような存在として捉えがちです。そのため、組織が生み出す価値、すなわち業績や結果にばかりフォーカスし、それらの業績・結果を科学的な視点から現実として意味付けますが、実は現実をつくり出しているのはその人の意識そのものであり、そこから生まれるつながり・関係性です。本質は、現実ではなく、目には見えないつながり・関係性にあるのです。そのため、本来は目に見えないところにアンテナを傾けることで、組織で今なにが起きているのかという本質を捉えることができるわけです。

だからこそ、前章で述べたように組織の状態という内面を見ながら対話をしていくサーベイフィードバックというものに意義があります。ただ単に「コミュニケーションが悪い」とか「パフォーマンスが低い」とか言うのではなく、組織の内面（つながり・関係性とその基点である個々の内面）に何が起きているのかを見ようとする環境をつくり、指標を設けて、組織の状態を捉えていく、ということが重要なのです。その働きかけの意味を組織全体で共有していくこと、すなわち、「業績や結果という現実をつくりだしているのは、目には見えないつながり・関係性であり、それらにフォーカスして組織の状態を捉えていく」という共通認識をもつ（共通了解をつくる）ことが、組織の変容を促す第一歩であるとも言えます。

働き方改革や評価制度など人事分野のさまざまな場面・局面においてせっかく施策を施してもそれが組織変革の基点として進まないのは、職場における「何故やるのか」という対話を通しての共通認識が足りていない（共通了解がつくれていない）からです。制度やルールを作り機械的に「このとおりやってください」と言っても「何故やるのか」がわからなければ動くものではないのです。

そこで大切なのが「関係性の質を高めていくこと」です。

2.「関係性」を理解するための5要素

ＥＳの視点で「関係性（つながり）」という言葉を整理すると、五つの要素があります。

①メンバー同士のつながりの状態
②仕事そのものに対するこだわり・気概
③商品サービスに関する誇り
④組織のメンバーとしての貢献意識
⑤地域社会とのつながり意識

社長さんやリーダーからの相談の中で一番多いのが、「我が社はコミュニケーションが良くない」というものです。しかしこれは、組織の課題をすべてコミュニケーションの問題にすり替

つながり五つの要素

えてしまうという厄介な傾向の現れでもあります。たいてい、「では、コミュニケーションの何が問題なんですか」と聞くと、明確な答えが返ってこないものです。例えば現場の上司に聞くと、「私は部下たちとコミュニケーションはしっかりとっています」と言う。しかし部下は、「上司はわかってくれない、話を聞いてくれない」と言う。社長からは「あのチームはパフォーマンスが低くて業績が下がっている」という言葉。お互いの課題認識のすれ違いや対話の無さが露呈されるのです。

また、「コミュニケーション」という言葉の定義が人によって異なるため、ひとくちに「コミュニケーションが悪い」と言っても、「連携が悪い」ことを指しているのか、「活性化していない」ことなのか、あるいは「ホウレンソウができていない」ことを言っているのか、その意味合いはさまざまです。

コミュニケーションは、個々の接点をつないだ関係性を情報（言語・非言語いずれも）が往来することによって生まれます（①メンバー同士のつながりの状態）。さまざまな開発が進むデジタルツールの力を借りることで抽象的・主観的なものを外在化し、客観的に見える状態にすることで、それらの情報を踏まえ、何を感じ何を考えているのかを語るアナログの対話の場をつくることができます。このデジタルとアナログの両面をまわしていくことで、個々の自律的な行動を促すことができるのです。

ダニエル・キム（マサチューセッツ工科大学）の「成功循環モデル」を踏まえると、つながり（関係性）が良好だと、個々の思考が前向きになりオープンマインドで振る舞うことができます。それによって他者と連携をとったり新たにチャレンジしたりと、パフォーマンス高く行動することができます。そして、そのパフォーマンスの高さが結果の質に好影響をもたらす、というのが、好循環の成功サイクルです。しかし逆も然りで、関係性が良くないと、互いに前向きな思考になりづらく、視野が狭まり、積極的な行動が生まれにくくなります。それが結果にも悪影響を及ぼす、という悪循環も起こり得ます。

皆さんの職場は、いかがでしょうか?

そもそも「関係性」の質には、5段階あると言われています。

- ・レベル1…必要最低レベル（顔は知っている・あいさつはする）
- ・レベル2…属性・個性の認知（話をしたことがある）
- ・レベル3…考え方を分かち合う（仕事の意味を理解・悩みを共有）
- ・レベル4…目的を共有する（ビジョン・目的を理解）
- ・レベル5…価値観が同化する（お互いの価値観・考えを理解）

つながりができたとしてもいきなりレベル4やレベル5に至ることはなく、レベル1から段階を上がって推移していく、というものです。

また、組織の段階の推移を知ることも重要です。冒頭でお伝えした「トゥループスモデル」に基づく組織の状態を踏まえ、チームという小単位で捉える時には、「タックマン・モデル」という視点で捉えることができます。これは、「チームは、形成期（お互い様子見）を経て、混乱期（対立・ぶつかり合い）、規範期（役割やルールが明確化）、機能期（チームのパフォーマンスが高まり成果創出）へと至る」という考え方です。自身の職場の状態をこのタックマン・モデルになぞらえて、「この対立もチーム形成においては大切なプロセスなんだな」などと捉えることができると、お互いの背景や意図を理解しようと歩み寄ったり、目的を掲げて共有したり、といった関わり方をできるようになるでしょう。

また、そもそも「対立＝悪」なのか、と前提を疑うことも重要です。制度やルールを取り入れ、明確に〝線〟を引くことで一時的に対立構造が浮かび上がることもあります。しかし、その過程で対話の機会をつくり出し、それぞれのナラティブ（物語、語り）を把握することで、相互理解が深まったり、第三の案が見出しやすくなったりという作用も生まれます。対立構造において、対話の機会というスペースを設けることで、生命体としての変容が進んでいくと捉えてみることも大切です。

3. 「働き方改革」で生じるひずみ

例えば、働き方改革の施策の一つとして、「有休取得5日間の義務化」があります。ある会社では、その動きを踏まえ、それまでおざなりになってきた有休管理に力を入れ始めました。管理簿をつくり、各社員の保有日数がわかるようにして、パート社員も含め積極的な消化を全社に呼びかけました。その数カ月後、管理職が集まる社内会議で、「このままだと現場がまわらなくなる」という声が上がるようになりました。具体的に聴いてみると、それまで有給休暇という制度すら知らなかったパート社員がどんどん申請を出すようになり、シフトをまわしづらくなったこと。また、業務に穴はあけまいとパートが有給で休んだ分を正社員が補うようになったこと。それによって、正社員の有休消化が全く進んでいないこと。そして、その不満が一部の正社員から出てきて、パートとのひずみが生じ、職場があまり良い雰囲気になっていないこと。そんな悩みが次々と出てきました。会社としては、「いよいようちも働き方改革だ！」と良かれと思って推し進めた施策が、逆に職場内の〝モヤモヤ〟を高める要因となり、社員同士の関係にひずみが生じてくる、という悪循環を生み出してしまっていたのです。

前述の「成功循環モデル」を踏まえると、この状況を打破するために、会社から強く「必ず正社員も5日間の有給を消化するように」と命令したり細かなルールを設ければ、表向きにはそれまで遠慮していた正社員も有給を申請しやすくなるかもしれません。しかし、今度はその分がパートへのしわ寄せとなり、不満の声が上がるかもしれません。あるいは、お互いに「有給は取りたいけれど、今の業務プロセスだと無理！」「仕事は無責任に投げ出したくない！」といった本音を言い出せない状態が続くと、職場の中にモヤモヤが溜まる一方です。個々のモヤモヤは、解消しないと不満になり、職場全体の風土や関係性の質に影響してしまいます。

組織全体が良い空気感で連携のとれたチームとして変容していくためには、「四つのステップ」が重要と言われています。

いきなり物事（ここでは〝有給取得の推進という施策〟）を共有し運用していくのではなく、まずは「お互いのおもいを知り合う」「そのおもいの背景にある意図や経緯を受け止める」「そこから見える異なりを受け入れ認め合う」という段階を経て初めて、「共有・共感する」という段階へと至る、と言われています（92ページ図参照）。

この会社のケースに置き換えると、有給休暇の取得推進という施策を実行・運用するために、まずはどのような要望や懸念があるのか、現場の中で知り合う機会を持った上で、「私たちの職場ではこうしよう」という共通了解をとるべきでした。その際、「こうすべき」という表面的な言葉で伝え合うのではなく、「自分はこういう働き方をしたい」「うちの職場はこうありたい」等の自身の本音を伝えても大丈夫という安心・安全な空気感（心理的安全性）を醸成し、個々が主観を述べ合う場を設けることが必要でした。

労務管理に関わることを現場で議論するのは良くないと考える方もいるかもしれません。しかし今や、インターネットで検索すれば、あらゆる人事労務に関わる情報があふれている時代です。会社が掲げる方針を誤解せずに正しく捉え理解を深めてもらうためにも、あえて包み隠さずに、現場の中で「対話」する場を設けることが重要なのです。

4. 関係性を生み出す共感の場

「関係性」は、点と点が結び付いて生まれるものです。すなわち、出会い・接点がないと、関係性は存在し得ません。また、共に動く場や機会がないと、出会い・接点が生まれることもありません。そして、場や機会は、コミュニティとしての土壌があるからこそ出会い・接点を生み出しやすくなります。

会社として「環境を整える」というのは、コミュニティとしての土壌を耕すことと、接点が豊かになる場・機会を意図的につくることでもあります。自社の理念を浸透させ、組織文化を磨き上げ、そこに共感・共鳴するメンバーが集まり働きやすい環境をつくること。クレド[1]導入を起点としたさまざまな施策を実践しながら、社内外の多様なメンバーが共に働き良い関係性をつくっていく場・機会を増やしていくこと。それが、ESを軸とした組織開発の要点です。

1 クレドとは一般的に企業における従業員の信条を表したもので、従業員にその信条を浸透させることによって従業員の考え方の改革、育成につながるものをいう。

以下の図のとおり、組織を良くする働きかけには2種類あります。「人そのものへの働きかけ」と「関係性への働きかけ」です。本書では後者の「関係性への働きかけ」という観点から、クレドを柱とした施策や組織の開放性を高めていく活動についてご紹介していきますが、そのような施策や活動が為されることで、さまざまな場・機会が生まれ、その場・機会を通して多様な接点が生まれることで、関係性が豊かになる、ということを意図しています。施策や活動を推し進める際は、「このこころみを通して社内外の関係性が豊かになっているか（SQが高まっているか）」という指標で、その意義や効果を見極めていくと良いでしょう。

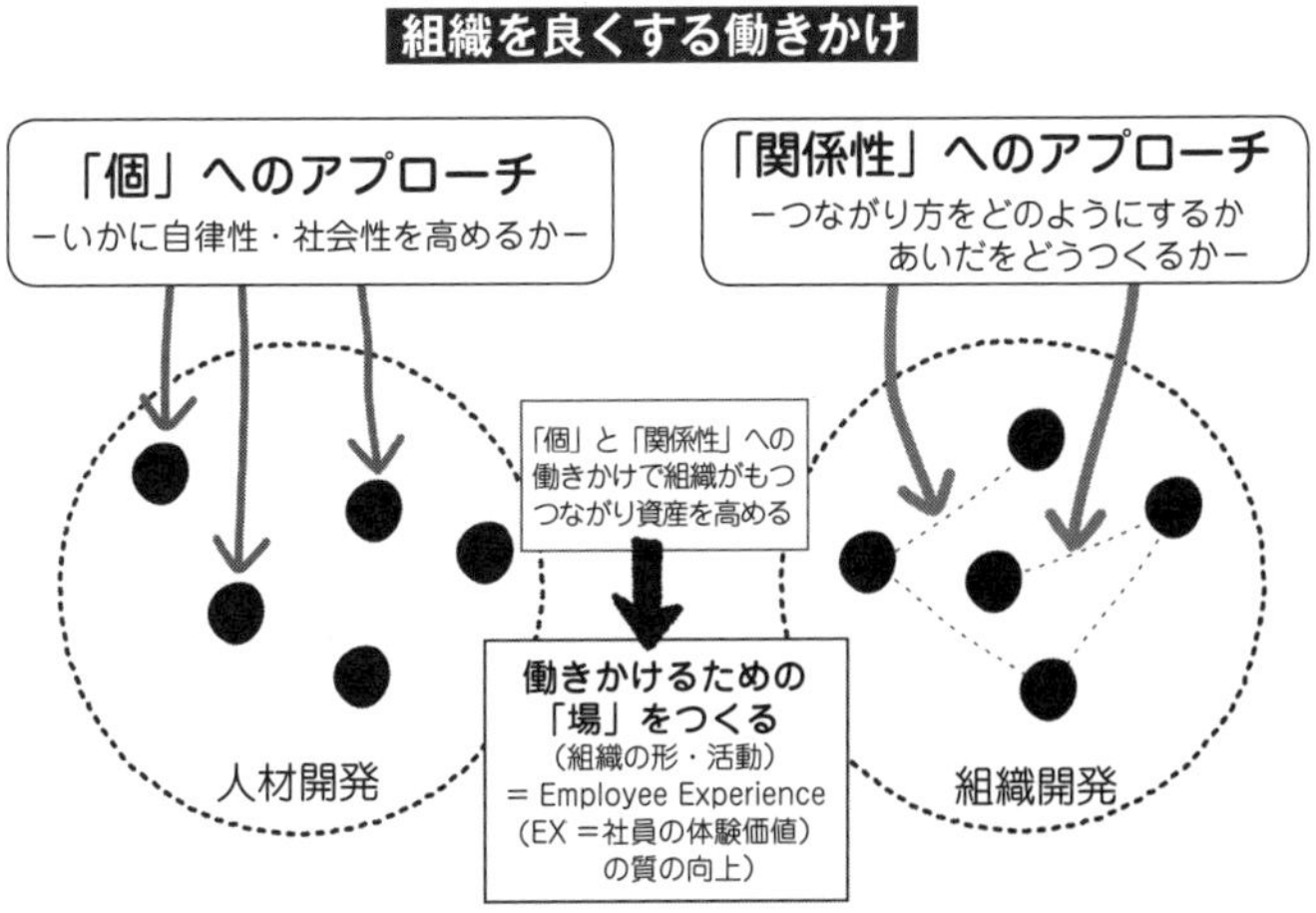

5．ESクレドによる個と組織の価値観の共有

■クレドがなぜ必要なのか

・現場で物事判断、意思決定できる
・クレドを柱に対話をしていける

組織が統制型から協働型へ、さらにはコミュニティ型へと変容していく上で、いずれの段階でも柱になるのが「クレド」です。私たちは「ESの視点を取り入れたクレド」ということでESクレドと言っています。

ESクレドとは、経営理念を実現するために必要な共通の価値観を、わかりやすい言葉で表したもの。組織の一員として大切にしたい行動のよりどころ・判断基準となる考え方を言葉でまとめたものです。そして、小さなカードにまとめてメンバー全員が携帯し、朝礼や会議の場で読み合わせを行ったり、クレドの内容に関連する取組みを社内で実行します。職場も一つのコミュニティ、という考

えに基づき、雇用されているか否かに関わらず、業務委託で働くメンバーや副業で働くメンバーも含めてクレドを大切に仕事をしていく状態をつくります。

ＥＳクレド導入に際しては、本質観取のやり方を踏まえ、以下の要領で、全社員による作文提出を経て、プロジェクトメンバーを中心に作成が進められます。

ＥＳ組織開発４つのステップの図

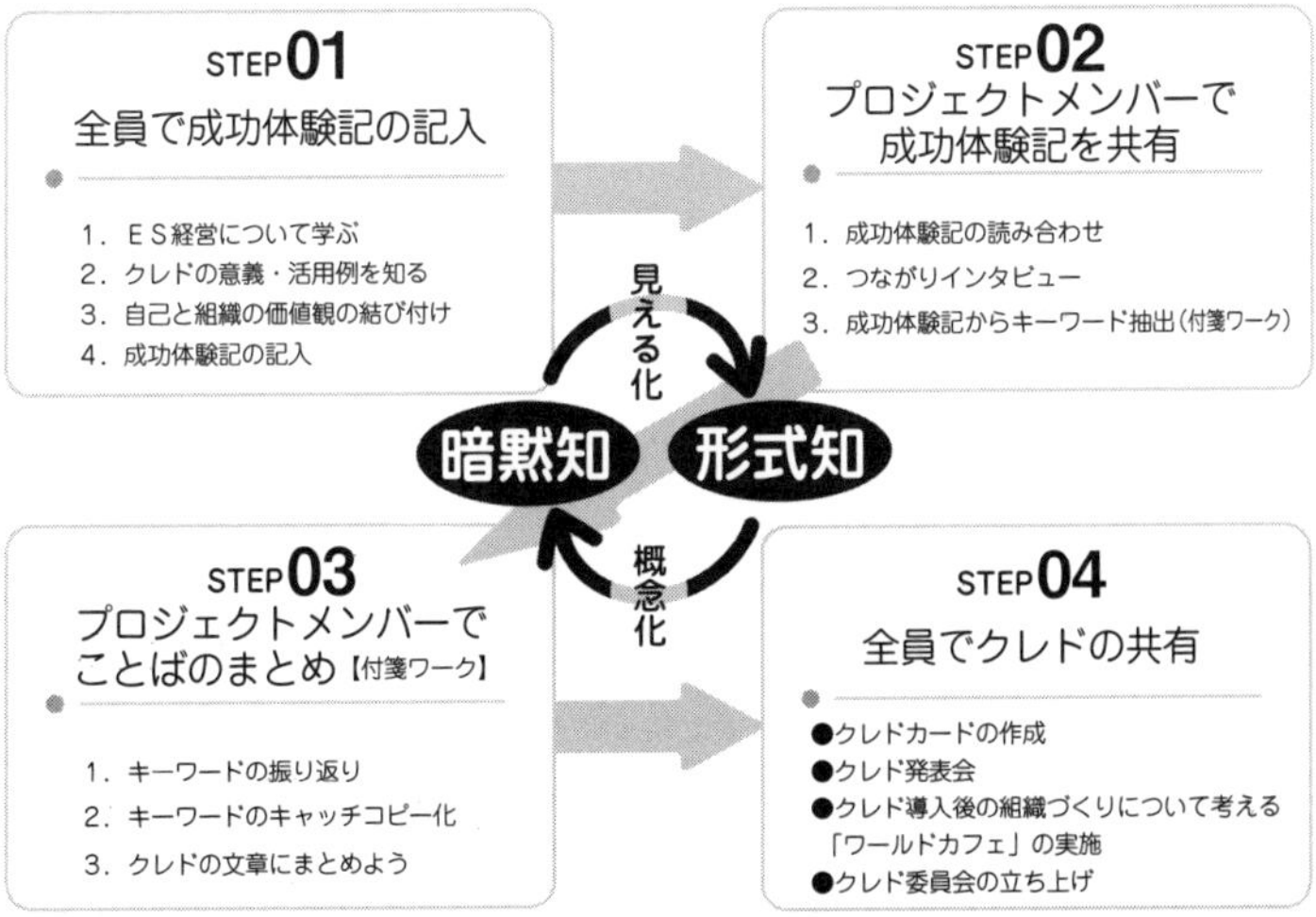
STEP01
全員で成功体験記の記入
1．ＥＳ経営について学ぶ
2．クレドの意義・活用例を知る
3．自己と組織の価値観の結び付け
4．成功体験記の記入
STEP02
プロジェクトメンバーで
成功体験記を共有
1．成功体験記の読み合わせ
2．つながりインタビュー
3．成功体験記からキーワード抽出（付箋ワーク）
見える化
暗黙知
形式知
概念化
STEP03
プロジェクトメンバーで
ことばのまとめ【付箋ワーク】
1．キーワードの振り返り
2．キーワードのキャッチコピー化
3．クレドの文章にまとめよう
STEP04
全員でクレドの共有
●クレドカードの作成
●クレド発表会
●クレド導入後の組織づくりについて考える
「ワールドカフェ」の実施
●クレド委員会の立ち上げ

①自分自身と向き合う	自分自身の人生やキャリアを振り返りながら、「仕事を通した成功体験記」という作文にまとめます。

⇩

②価値観を共有する	全社員の成功体験記をプロジェクトメンバーで読み合わせ、特に共感するキーワードを抽出していきます。

⇩

③共感するキーワードを言葉にまとめる	抽出したキーワードをフセンと模造紙で整理していきます。

⇩

④クレドの文章として仕上げる	対話を重ねながら、キーワードのグループの言葉の数々の背景にあるエピソードや意味を考え、文章にまとめていきます。クレドの意味を皆で共有するクレド発表会を開催し、自分たちが書いた成功体験記からクレドが生まれたということを伝え、自分ごとで捉えてもらいます。

このようなプロセスを経て、だいたい6カ月から1年くらいかけて作られるのがESクレドです。当初は、プロジェクトメンバーの中にも、「会社から言われてやっている」「何ができるのかわからないけれど集まっている」といった他人ごと感がどうしても生まれがちですが、プロジェクトミーティングを重ねるごとに、自分たちが思考・議論するプロセスや紡がれた言葉への愛着が生まれ、自分ごと感（当事者意識）が高まっていきます。そして、クレドが完成する段階には、「私たちが作ったクレドをいかに全社で共有するか」というように主語が「私たち」へと変化し、「自分ごと」感を持って取り組むプロジェクトメンバーが増えて来ます。しかし同時にこの変化は、プロジェクトに携わらない一般の社員との感覚の異なりを生じさせます。そのため、「自分ごと」感を組織全体へと伝播させるためにも、「広報活動」は大切な動きとなります。

プロジェクトメンバーのみに当事者意識が刻まれた状態だと、クレドづくりに関わりの無い社員にとっては「プロジェクトで何かをやっているらしいけど自分には関係ない」という無関心状態が続き、溝が深まりがちです。その状態から、まずは「クレドとは果たしてどんなものなのかな」とアンテナを向けてもらうために、クレドづくりの段階から、社内広報を推し進めることが重要です。そして、クレドが完成した際には全社で発表会を行い、「効果はよくわからないけど、自分たちにとって大切なものが作られたらしい」「あの時書いた作文が、クレドという形になってこれから活用されるらしい」と、関心を寄せてもらいます。さらに、クレドに関わる施策（朝礼、ありがとうカードなど）を継続することで、「クレドがあると何だか職場が良い状態になる」「クレドを意識して行動すると仲間やお客様に喜んでもらえる」という実感を広めていくことです。そのような実感や、仕事を通して生まれたエピソードを共有する上で、社内広報活動が重要な役割を果たすのです。

6．ESクレド導入により組織に生まれる変化

ESクレドの効能を考えてみると、以下の2点が挙げられます。

①「個人の価値観」と「会社の価値観」を結びつけるツール
②組織の素晴らしいDNAを意識的に増やし、組織文化を磨いていくツール

まず①ですが、会社には、クレドの上位指針としてビジョンや経営理念があります。経営理念とは、会社そのものの存在意義であり、いわば、未来永劫達成することのない、会社そのもののあるべき姿だと考えてください。そして、ビジョンとは、この経営理念に向かって追い続けていく姿を表します。ある一定の時期における大きな目標であり、10年後や20年後、30年後の理念に向かっていく最中のありたい状態を示しています。これらは、どちらかというと会社からの制約条件も多く、どうしても経営者寄りの言葉になってしまいがちです。そこで、このような会社の方向性や理念といった会社の大

きな目標を個人の価値観と結びつける道具として、クレドが必要となってくるわけです。個々人が「会社での仕事を通した成功体験記」を書くという行為を通して、日頃の忙しい仕事の中では忘れがちな「達成感」や「承認された喜び」「誇り」などの非金銭的報酬の存在に気付くスイッチが入り、自社の仕事を通した自分自身の成長が組織の成長にも結び付いている、という実感を得られるのです。そして、これらの作文をベースに自社のクレドを創り上げていくプロセスを通して、自己の価値観や会社の価値観を再認識し、その結びつきを強めていくことができるのです。

②については、会社には創業からの歴史やおもいの連なりといったたて系のもと、多様なＤＮＡが混在していて、「我が社らしさ（組織文化）」をつくっています。クレドを導入することで、時代や社会の流れを見定めながら、良いＤＮＡを意図的に増やす、という作用が生まれると言えます。ただし、これは単にクレドを掲げただけでは意味がなく、持続的で再現性を有したさまざまな〝クレド活動（施策）〟を行うことで、良いＤＮＡを増やしながら組織文化を磨いていくことができるのです。

ビジョンとクレドの関係は、長い道中を旅する旅人と同じです。ビジョンに描いたはるか遠くの目的地に着くまでは、いろいろな災難や苦難の道があるでしょう。

例えば、前章でも紹介した「日本ＥＳ開発協会」で行っている「日光街道太陽のもとのてらこや」では、１４７キロの一本道を5回に分けて皆で歩き進みます。10数キロの行程であればいくぶん心身に余裕をもって歩けるものですが、40キロ前後の道のりを歩く行程だと、思わず駆け出したくなるような真っ暗闇の杉並木を少人数で歩き進んだり、早く歩きたくてもなかなか足が思うように動かなくなる場面も出てきます。その時に、「どんな時でも弱音は吐かず前向きな言葉を使う」「他者には思いやりの気持ちをもって接する」「地域の方たちと挨拶をかわす」等、長い距離を歩くにあたってクレドに基づいた行動指針をスタート時に決めて仲間と共有し、それをお互いに意識しながら行程を歩むことで、目的地までの道のりをあきらめることなく歩き進むことができるのです。

つまり、これを組織に置き換えてみると、「147キロの道のりを踏破する」がビジョン。その達成（目的地に着く）のために行程を歩く上でもつ心がまえがクレドです。クレドは、ビジョンを達成するプロセスにおける支え・判断軸として、〝心のあり方〟や〝行動の価値基準〟の役割を果たします。

ですから、クレドは、組織におけるさまざまな施策・活動を通してビジョンと結びつき、クレドを踏まえてビジョン達成を目指すことで理念の実現に近づくことができるのです。

7．クレド導入後の変容プロセス

ESクレド導入によって為される状態として、「対話の文化が組織に根付く」という点があります。ESクレドは、ESクレドに書いてある文章ができた時に完成するのではありません。朝礼や会議、職場での日常の会話など現場で語られて初めて、意味を成し、完成するものなのです。

横浜で140年以上の歴史を持つ地域貢献企業・大川印刷の大川社長の次の言葉が印象的です。

「会社は、ストーリーの数だけ強くなる」

ＥＳクレドの導入に際し、大川社長が社員に向かって語った言葉です。つまり、現場の仕事を通して、クレドに基づいた行動から生まれたストーリーがどれだけ語られているか、ということです。このストーリーが多ければ多いほど、社員個々の価値観と会社の価値観が結び付いたしなやかな組織が創られると言えます。

クレドは、社員の意識を変え、行動を変えます。そして、現場の仕事を通して、組織の隅々にクレドの内容が落とし込まれて完成するのです。

ＥＳクレドが完成したら、以下の３点を踏まえた施策を検討し、取り組んでいきます。

- クレドの内容に関わりのある施策であること
- 職場の対話が促される施策であること
- 社員参画で進められる施策であること

ＥＳクレド導入を起点に目指すところは、コミュニティ型の組織として持続的な経営をしていくことです。そのために、つながり資産が豊かな組織を実現し、組織文化を磨き上げ、地域社会からの共感・共鳴を高めていくことです。そのような状態を創るために、対話の習慣を根付かせ、さまざまな社会環境の変化にもしなやかに対応していく職場を創っていくことが必要なのです。

ＥＳクレド導入による共創プロセス

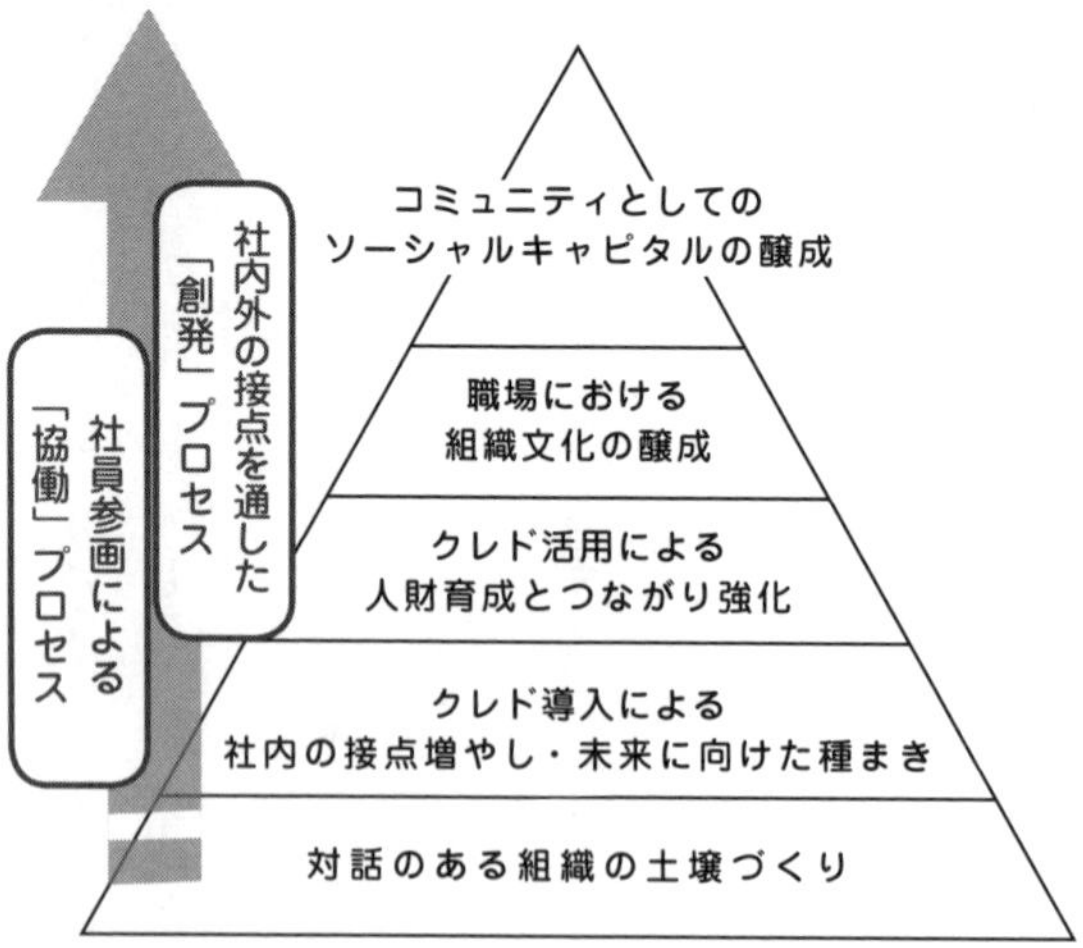

対話の習慣を根付かせ、しなやかな組織の土壌をつくるための代表的な取組みとして、以下に「クレド実践七つの施策」をご紹介したいと思います。

■1　社内広報（クレド新聞）

広報活動は、コミュニケーションを通じて地域社会や顧客との良い関係性をつくるために事業運営上大切な役割を果たしますが、商品サービスに関わるコミュニケーションだけではなくクレドに関わるコミュニケーションにおいても同様です。すなわち、社内広報活動です。クレドは、対話の習慣をつくり組織の土壌を耕して企業文化を磨き上げますので、広報活動によって自社の企業文化を発信する役割を果たします。そして、社内広報における〝顧客〟とはすなわち社員。社員がクレドにまつわる施策を通じて企業文化を醸成することができるよう、社内広報に力を注ぐことは非常に重要なプロセスです。

社内広報の代表的な策が「社内報」です。ある会社では、クレド完成と同時に、社内報を発行することになりました。地域内にいくつかの部署が点在するこの会社では、忘年会等のイベントで年に一度は全員が顔を合わせる機会はあるものの、「他部署に所属した新人の顔を知らない」「初めましてを伝える前に辞めてしまっていた」といった問題が生じ、社員や組織にまつわる情報をリアルタイムで社内に共有するにはどうすれば良いのか、という課題意識がありました。そこで、プロジェクトメンバーで話し合い、クレドに掲げた「情報共有」という項目と紐づけて社内報を作成することになりました。社内報の内容検討や文章作成などはクレドプロジェクトメンバーで分担することとし、「新人からひとこと」「チーム紹介」といったコーナーを設けて、なるべく社員個々にスポットライトをあてながら、皆が関わりを持てる構成にしました。

社内報を作成しようとすると必ず直面するのが、「文章を書くのが苦手」「作成する時間をとれない」といった問題です。かといって誰か特定の人に任せてしまうと、せっかく醸成された自分たちごと感が下がり、他人ごと感が生まれてしまいます。日常業務の傍らで、できる限り負担がない状態で、皆が関わり意識をもって作成できるように工夫することが重要です。そこでおすすめが、「かわら版」としてその場で簡単につくる方法です。

「かわら版」は、社内行事が行われた直後や会議の開催時にあわせて、以下の要領で作ります。

- 行事スタート時にクレドワーク（その時間を通して意識するクレドを選び理由などをスピーチ）を実施
- 行事の実施
- 行事を終えた直後にチームで集まり、気付きや感想を紙（フセン、カード等）またはＭｉｒｏなどのデジタルツールに記録
- 記入した内容をチーム内で共有し、お互いに深掘りし合う
- かわら版に使いたい写真や絵をチームで話し合って決める
- その場でフォーマットに記録したり写真を貼り付ける

・行事を通じた学びを「経験学習シート」に記入し終了

要は、行事を終えてから改めて気付きを文章化するのではなく、時間を置かずにその場で言葉にして紙にまとめてしまおう、ということです。慣れるまでの間は、予めかわら版作成の時間も見据えたタイムスケジュールを組み立てておくことも大切でしょう。そして、このような段取りを経てできあがったかわら版を、印刷したりPDFでアップロードして即座に全社へ共有することで、「こんな感じだったんだ」「楽しい思い出になったね」といった社内からのフィードバックもスピーディーに見える化できます。

職場の中で「私は～」と主観を述べるようになったり、「私たちは～」と全体的視野で語るようになったり、という変化は、主体性・自律性の高まりでもあり、企業文化が磨かれている兆しでもあります。まずは3カ月、1年、そして3年、と継続すること

を大切に、クレドを基点とした広報活動を無理なく、都度軌道修正しながら取り組んでいくと良いでしょう。

■施策2　クレド朝礼

多くの職場では、「毎日、メンバー皆が揃って情報共有・意識共有する場」を持っていることと思います。それは、朝礼という場だったり、あるいは終礼という形だったり、やり方はさまざまで、時には「特定の人がスピーチして終わり」「一方通行に連絡事項が述べられるのみ」といったネガティブな意味合いで捉えられることも多い施策の一つだと思います。

ESクレド導入後は、まずはこの朝礼（昼礼・終礼）をテコ入れするところから始めます。「一人ひとりに出番がある場」「一方通行ではなく、お互いに、双方向で」といったことを意識し、できるところから少し変えていきます。具体的には、「クレドの項目と紐づけて、仕事を通して生まれたエピソードを言葉で共有する」という時間を盛り込む、というやり方があります。例えば、「チームワーク」という項目がクレドに入っているのであれば、「業務が忙しくて、周りにも助けを求められず一人抱え込んでいたところ、隣の席のメンバーが『何か手伝いますか』と声をかけてくれ、その声を引き金に他のメンバーも『手伝うよ』『こっちをやっておくね』等々入ってきてくれて、結果、その時間で全て終えることができた」というエピソードを伝えます。そしてその出来事を通して自分が学んだことが何なのかを〝経験学習モデル〟に沿って話します。

このようなクレドにまつわるエピソードを話すパートを盛り込むなどしてアレンジした朝礼（クレド朝礼）を、まずは３カ月間続けてみることです。３カ月続けていくと、「続けることが当たり前」になり、やらない時があると違和感を感じる状態になります。もちろん、全員が同じモチベーションでクレド朝礼に臨む、という状態をつくるのは難しいですが、「進行役を週替わりで変えてみる」「クレドエピソードを発表する人が偏らないようにする」といった工夫を常に意識しながら、「皆に出番があり、双方向のコミュニケーションの場」として朝礼を機能させていくと良いでしょう。

ある会社では、毎朝、クレドの読み上げと共に、一人ひとりが「ありがとう」にまつわるエピソードを語る朝礼を行っています。

〝ありがとう〟を語る時は誰しも自然と笑顔になり、表情も明るくなります。とかく朝は、マインドが低い状態になりがちですが、〝笑顔になる〟ことと、〝自身の気持ちを言葉で吐き出す〟ことで、マインドを高め、良い状態で業務や仲間と向き合うことができ、チームとしてのパフォーマンスも上がるという訳です。

この会社では、日頃の業務の中で何かアクシデントや行き詰まりが生じた時に、必ずどう対処するかを〝皆で〟考え、対話を重ねます。職場の中で、日常的に「対話」の場が生まれているのです。何か問題が生じた時や、物事の判断軸について疑問が生じた時など、都度立ち止って仕事の手を止めて、徹底的に対話を重ねます。その習慣が根付いていることで、「まずはやってみて、その機会・プロセスから学ぶ」という学習する組織としての素地が培われています。

自律分散な組織運営を実践している会社の根底にあるのは、「人間は本来、他者に貢献し感謝されたい生き物である」という人間そのものへの信頼感です。しかし、そのような人間の本質がありながらも、組織という枠組みのもと、例えば産業革命以降で「労働者」という概念が生まれた故に、労働者としての権利意識、あるいはそれらを管理する側としての支配者意識が生まれました。そして、時には被害者意識が生じる、という無意識の思考構造があります。そして、そもそも「良い、悪い」「管理する、管理される」といった二項対立の考え方に無意識に支配されている私たちが、その〝概念・社会通念・思考構造〟の存在に気付き、疑問を投げかけること。それが中小企業におけるコミュニティ経営を後押ししていくのではないかと思います。

■施策3　1on1面談

組織運営には、「PDCAを回す仕組み（MBO＝Management by Objectives)」と「学習する組織を育む仕組み（MBC＝Management by Credo)」の2種類があります。今、多くの企業が導入している目標管理は、売り上げや利益といった数値目標や業務改善目標を設定する場合がほとんどです(MBO)。しかし、先に述べた「成功循環モデル」の考えのとおり、関係性の質の向上が基点となって、思考の質が変容し、行動の質が高まり（パフォーマンス向上)、その結果、成果の質の向上に至るわけなので、目には見えないつながり・関係性に着目し、チームや個々の変容を促していく必要があります。具体的には、面談やミーティングといった枠組みのもとでの対話・議論の場、あるいはプロジェクトや社内イベントといった機会において、意図的に関係性の質を高める働きかけをしていくことです。そこで、１ｏｎ１ミーティングにおいては、ＭＢＯにおける目標面談のように半年や1年に1回の特別なイベントとして行うのではなく、ＭＢＣの視点から1週間や1カ月に1回といった高頻度、あるいは必要都度、日常的に行いながら、個や職場の状態を定点チェックしていくことが重要です。

１ｏｎ１ミーティングは、「成長支援」をする場であると言われています。いくつかの問いかけを重ねながら、個々の自己肯定感や貢献意識、信頼感を高めることができます。

- 組織開発目標＝自分自身が他者・チームに対してどのような働きかけをするか（コミュニケーションの取り方や仕事との向き合い方など）
- 行動変容目標＝自分自身のチャレンジを阻害する固定概念を認識しながら、組織開発目標遂行のために意識する行動はどのようなものか

ＭＢＣシートを踏まえ、これらの項目を問いかけながら、対話をしていきます。

またクレドの浸透度合いも観察します。そこには、「学習」という大切なキーワードがあります。学習は、脳科学の観点からみると、大脳辺縁系（感じる脳）が大脳新皮質（考える脳）より格段に学習能力が遅い、という特徴があります。トップのおもいや企業理念の浸透においては、学習速度の遅い〝感じる脳〟を使うので、繰り返しの反復学習が必要となります。そこで、最適なツールがクレドなのです。クレドに基づく行動や活動を実践することで、理念やビジョンを理解しやすくなり、組織

全体としての一体感も出てくるのです。

１ｏｎ１ミーティングは、関係性の質の向上、個々の幸福度や行動の変容といった人間性に着目した対話を促します。そして、個人の内面や組織の状態を見える化しながら、学習する組織を育むための目標をまわしていきます。これら一連のＭＢＣの運用を、人事の仕組みである目標管理（ＭＢＯ）と並行して走らせることで、「左脳と右脳」「目標と目的」をつなぎ合わせ、数値の裏付けによる目標管理だけではなく、個人の幸福やおもいも重なった組織運営が可能となるのです。

MBC シート

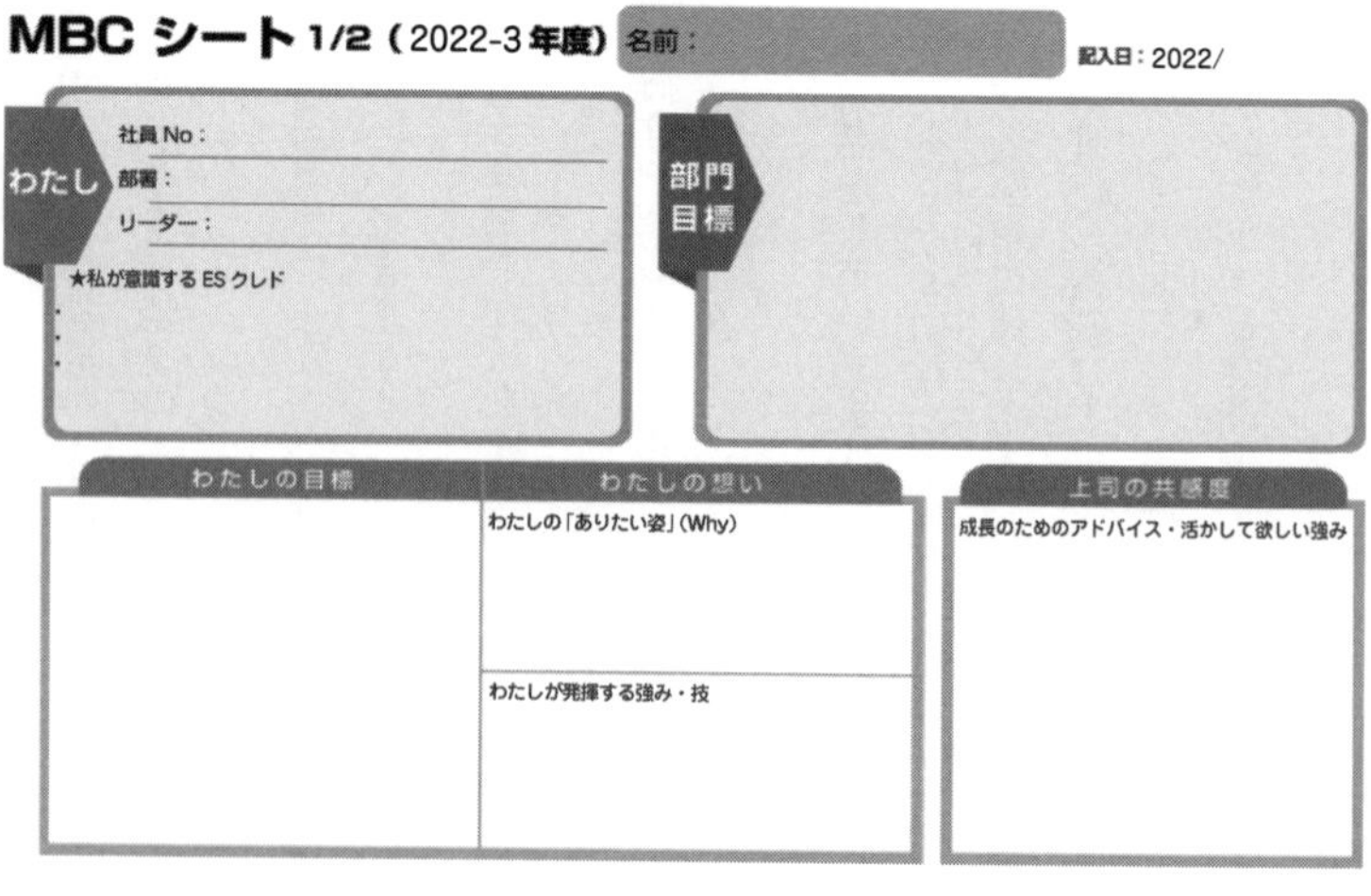
MBC シート 1/2（2022-3 年度） 名前：

記入日：2022/

わたし
社員 No：
部署：
リーダー：
★私が意識する ES クレド
・
・
・

部門目標

わたしの目標	わたしの想い	上司の共感度
	わたしの「ありたい姿」(Why)	成長のためのアドバイス・活かして欲しい強み
	わたしが発揮する強み・技	

具体的には以下のステップで「対話の場」の質を変化させてゆくことです。

・ステップ１　場を支配する不安を取り除く

チームメンバーそれぞれがどんな不安・恐れを抱いているのか、１ｏｎ１などの対話を通して把握していくことも重要です。オンラインでのやりとりも増え、お互いのちょっとした不機嫌な表情や言葉づかいで誤解が生じるのも避けたいところです。また、「あの人は●●だから」という決めつけの発言が無意識のレッテル・同調圧力になることも理解する必要があります。

・ステップ２　発言したくなる雰囲気をつくる

お互いにオープンマインドで場に臨むことを意識しましょう。笑いや感謝の言葉がある場をつくり、結論を急がずに多様な意見を肯定的に受け止めていきます。

・ステップ３　意見をまとめる手法を共有する

ファシリテーションなどさまざまな対話の手法を取り入れ、対話を通じて少しずつでも問題を解消していく感覚を身につけましょう。また、とかく同調の空気が流れがちなので、あえて人と自分の意見を分離し俯瞰して捉え、客観的な視点から物事を整理できるようにしましょう。

チームで共通の目的を描けているかどうかも重要です。「チームとして何をするか」だけではなく、その目的に向けて「自分がなぜこれをするのか」「自分はどのようなおもいでこれをしたいのか」など各々の意図や背景までオープンに述べる場をつくることが、チームに心理的安全性を醸成する上で大切な起点となります。

対話の醍醐味は、当初は「右か左か」という二項対立の状態しか描けなかったところに「第三の案」を共創できるようになることです。それによってさまざまな可能性が広がり、できること・やりたいことを思い描きやすくなり、安心・安全な空気感のもとでチャレンジングな行動を推し進めることができるでしょう。

■施策4　つながり量質活性化プログラム（IRODORI会議）

他者への関心や共感性がないと、お互いに歩み寄った動きをとることができず、自分基点の思考になりがちです。SQ（社会性をはかる指標）を提唱した心理学者・ダニエル・ゴールマン氏は、「気付く、という簡単なことから思いやりの行動が生まれる」と述べていますが、このように他者への関心・周りへの気付きがあってはじめて、思いやりや貢献意欲が芽生え、お互いに踏み込んだ行動が促され、チームの安心・安全な空気感が醸成されると言えます。

何かの出来事や問題意識等について言葉で語り合う、という行為は、職場のメンバーそれぞれが持つ価値観や文脈をお互いに知り合い、異なりを明らかにすることにもつながります。異なっていることは悪いことではなく、それが良い意味での境目となって役割を描き出し、個々の自律的な行動を促すエネルギーを生み出してくれます。このような対話の場として機能するのが「IRODORI会議」です。

IRODORI会議は、共に業務に取り組むメンバーが集まり、組織のコミュニケーションの状態やリーダーシップのあり方、個々のマインドの状態などについて、定期的に共有・対話していく場です。例えば、「職場の状態」という定性的なデータを分析によって客観的に定量化し、皆で共有することで、「この1週間は忙しかったのに皆のマインドが上がった状態が続いている」「抱えている案件で困ったことがあっても、職場が雑談でにぎやかな時は周りに相談しやすい」等々の振り返りを行いやすくなります。また、そのような〝気付きの共有〟を行うことで、お互いが個々の言動の背景にある考え・おもいに関心を持って、語り（ナラティブ）を聴きあうことができるようになり、対話の習慣を根付かせることが

つながり量質活性化プログラム

【行動改善目標】
2021.2-3月　振り返り未来へ種まきをしたら周りとシェアしてみよう！

	◎○△	コメント
1回目		種まきのもととなる軸をぶらさず、新たな思考を生み出して種をまく
2回目		体感などのイベント時も振り返りの時間を意識的に持つ。
3回目		過去のつながりが未来につながっていく リモートすることで俯瞰した思考ができる
4回目		
振り返り		

できます。

個々の気付きを共有する中で、「なぜ特定のメンバーとしか接点を持てていないのか」「問題が起きた時になぜ自分で抱え込んでしまうのか」等、自身の言動の背景を振り返り、言葉にして語っていく、という点が重要です。そして、そのような語りを行うことで自分の中に生まれる感覚や、お互いの語りを聴くことで明らかになる〝異なった価値観〟〝異なった感性〟もまずは受け入れてみる、ということに意味があります。対話の意義は、異なりを知り合うことでもあります。自分たちに共通の目的を握り合う感覚で〝重なり合う部分〟を増やしていくと良いでしょう。

そのために、皆から出てきたナラティブを踏まえ、「職場をより良くするために各々が意識する視点・心がまえ」を「行動改善目標」にまとめていきます。これは、職場全体の目標であり、一人ひとりがその内容を意識して過ごし、ほんの一瞬でも立ち止まって内省する習慣を根付かせるためのものでもあります。掲げた目標は、次のIRODORI会議までの期間、意識して過ごしてみる、というサイクルを繰り返します。これを「つながり量質活性化プログラム」と呼んでいます。

個々のメンバーが役割を見出し主体的に動ける状況に身を置いた時、良いパフォーマンスを発揮するためには、「安心・安全な空気感をつくること」が重要です。「これを言ったら叱られるのでは」「この話をしたら嫌な顔をされそう」といった不安感や不信感があるうちは、それがチャレンジや貢献意識を抑制する力として作用し、他者との相乗効果を生み出すことができません。チームの心理的安全性を高めるために個々ができることとして、「仕事を実行の機会ではなく学習の機会と捉える」「自分が間違うということを認める」「好奇心を形にし、積極的に質問する」という3点があります（ハーバード大学エイミー・C・エドモンドソン教授が提唱）。与えられた機会をどのように捉えるべきか、捉え直し（リフレーミング）を促したり意味付けを整えるために、職場のリーダーを中心に「つながり量質活性化プログラム」をまわし、メンバー一人ひとりの「こうしたい」「こうしよう」という変容意志を引き出していくことができます。

例えばある職場では、「つながり量質活性化プログラム」の一環として、朝礼での情報伝達事項として、〝昨日やったこと・今日やること〟に加えて〝いま困っていること〟を述べるように促しました。ささいな変更点ではありますが、その「述べる場がある」ということによって、問題を一人で抱え込む傾向が解消され、ちょっとした疑問を相談しても良いという安心感がメンバーの中に芽生えたと言います。

自律分散の組織運営で推奨される「雑談・はみ出しの文化」は、自分の考えや感情を自由に発することができる、という安心感を高めることにつながります。〝Slack〟などのデジタルツールを活用して、〝ちょっとした情報〟の共有をはかることも効果的です。独り言として自分の中に閉じ込めがちな感情や気付きもあえて開示し共有することで、新たなアイデアの発想につながるかもしれません。

■施策5　ありがとうカード

職場のメンバー同士で「ありがとう」を伝えあうこころみを「ありがとうカード」と言います。実際にカードに書いて渡し合ったり掲示するケースもあれば、ハピネス5などのデジタルツールを活用して感謝を伝え合うケースもあります。そのありがとうカードに書かれたエピソードは、渡された相手が読むだけではなく職場全員で共有することによって、承認・称賛の風土を組織に根付かせることができます。

ありがとうカード導入の意義は、感謝という大切な感情を言語化して伝え合う、という人間力向上の観点もありますが、同時に、「職場の中の〝雪かきの仕事〟を見える化する」という点もあります。

〝雪かきの仕事〟というのは、朝まだ誰も起きていない時間、皆が歩きやすいようにと一生懸命雪かきをしてくれる人が地域の中に存在するように、職場においても、周りが見ていなくても誰かのために動いてくれている〝誰か〟が取り組む仕事のたとえです。「営業して新規顧客を獲得できた」「店舗売上が社内で№1になった」などと表舞台で起こる一つひとつの案件・事象は、日々の多くの〝雪かきの仕事〟の積み重ねで成り立っています。それらを見える化し、お互いがお互いの仕事の〝表には見えない部分〟をも承認していくことで、役割意識や貢献意識を強化することができるのです。

また、ありがとうカードに書かれた内容は、「私」と「あなた」という二者の間で為された仕事の具体的なエピソードを言語化したものです。そこには、「こういう局面でこういう力を発揮してくれたおかげで、このような状態が実現できた」という当人同士にしか見えない〝能力の発揮〟が存在しています。これは、「ジョハリの窓」と紐づけて捉えることができます。すなわち、「他人も自分も知っている自分（開放の窓）」の行動に対する感謝は、当然うれしさ・よろこびは刺激されますが、それ以上に、「自分は知っているが他人は気付いていない自分（秘密の窓）」の行動に対する感謝であれば、「自分のことを見ていてくれているのだなあ」という安心感にもつながるでしょう。また、「自分は気付いていないが他人は知っている自分（盲点の窓）」の行動に対する感謝であれば、新たな自己認識を深めるきっかけにもなります。ありがとうカードを渡す、という行為が職場で行き交うことによって、「職場という関係性の中で描き出される人物像」を明確にすることもできるのです。

「他者との接点の中で自己が存在する」という考え方がありますが、ありがとうカードは、まさに職場という場の中での他者との接点を見える化し、そこからあぶり出される自己の姿を共有して自己認識や相互理解を深めることができる施策であるとも言えます。

デジタルツールの導入で情報が見える化されることは、業務効率を上げて生産性を高める上で効果的ですが、その生産性を良い状態で持続させるには、「連携」や「介入」というアクションが不可欠です。ありがとうカード

ジョハリの窓

導入によって、日々の仕事を通した職場の〝つながり（関係性）〟が見える化されることで、職場のエネルギーをより良い状態で醸成していくことができます。地域に必要とされる存在としてイノベーションを推し進める中小企業においては、組織の土壌をますますしなやかに耕していくことができるのです。

■施策6　未来像を描く対話の場づくり（ワールドカフェ、フューチャーセッション）

組織づくりの仕事に携わっていると、無意識に「客観的に捉えることの大切さ」を述べていることが多くあります。「自分の思考・感情を客観的に捉えてみましょう」「組織診断などのデータを活かして組織の状態を客観的に把握しましょう」。この「客観視する」ということ、例えば今ビジネス界でブームにもなっているマインドフルネスにおいて、心にノイズが生じてしまっている自己を観察する、あるいは刺激を受けて即座に反応してしまう自分の思考パターンを眺める、という行為は、一歩引いて物事を捉えなおすことで今ここに集中する状態を創りあげることができ、非常に重要な行為であると言われています。一方で、「主観的であること」については、言葉の使われ方はさまざまです。「主観的に捉えている・述べている＝自己中心的・独りよがり」というニュアンスで受け止められることも多いと言えます。

主観的であること＝一個人として物事を捉え表現することは、それほど良くないことなのでしょうか。前述の中原淳教授は、企業が個人に自律性を求めつつも、それを実践して持論を語ったり分析をした人に対してレッテルを貼りがちであることを指摘した上で、〝企業の中で例外的に主観を語れる場所〟があると述べています。

それは、かつてであれば「喫煙ルーム」、あるいは「給湯室」、現代であればウォーターサーバーや自販機前でしょうか。「主観≒自分ごと」、だとすれば、自分ごとで物事を語り意見を交わし合うのは、本来ならば組織力強化のためにも有効です。かつての喫煙ルームに代わる、心理的安全性が確保されたスペースとして、〝主観で捉え語れる場〟があった方が望ましいと言えるのではないでしょうか。

そのために効果的な手法として、さまざまな対話形式のワークショップがあります。

例えば「ワールドカフェ」は、手軽に取り組める施策です。ワールドカフェは、アメリカの９・11のテロで標的となったワールドトレードセンターの跡地に何を建てるかを考えるプロジェクトにおいても、大勢の市民が意見を述べ合う場として用いられた手法です。日本では、横浜市の開港１５０年イベント「Ｙ１５０」で用いられ、１０００人でワールドカフェを行って横浜のシンボルマークをつくりあげたプロジェクトが有名です。今では、多くの企業や地域でも取り入れられています。ＥＳクレド導入後、クレドを軸にどのような組織に変化していきたいか、どのような働き方を自社で実践したいかを共有する機会として全社で行ったり、未来に向けたビジョンの構築・共有を促すためにステークホルダーもまじえてワールドカフェを行ったり、という使い方をしています。

また、フューチャーサーチという手法もあります。これは、多様で複雑な現代において、民主的な話し合いによって望ましい未来を探求し、共創を生み出す対話のワークショップです。部署や会社といった枠を越えてさまざまな立場・役割のメンバーが集まり、数日間をかけて対話を進めていきます。

取り上げるテーマに関し、何らかの影響力をもつと思われるメンバー（ステークホルダー）が選ばれて参加する点で、ワールドカフェ等の他のワークショップとは異なる側面があります。そして、「過去の振り返り」「現在の探求」「理想的な未来のシナリオづくり」「コモングランドの明確化」「アクションプランの策定」という枠組みのもと、必要な情報も提供しながら対話を進めていきますので、運営側の準備がキモになります。

このような対話の場は、グランドルールに基づいて自分ごとで未来のあり方や夢、やりたいこと、持論や経験値を語っていられる場所です。心理的安全性が流れる場において、ポジティブな心の状態で未来像を語り合うことによって、「やりたいことを形にする力」に転換して、具体的なアクションを導き出すことができます。個々が客観と主観の視点・スタンスを切り替えながら、言葉を伝え合うことで、職場内の関係性をより強固にしなやかにすることができるのです。

■施策7　職場ルール策定（「多様な働き方カード」を使った社員参加型のルールづくり）

組織の変容が進み、さまざまな新しいこころみが進んでいくと、業務内容だけでなく勤務形態も多様な働き方が生まれたり、雇用だけではない業務委託やプロボノといった多様な働く形が存在する職場へと変化していくことになります。これが、「職場のコミュニティ化」の過程です。それぞれの属性を踏まえつつ、職場も一つのコミュニティとして新たな価値を生み出し持続的に働いていくためのルール・役割・制度を検討していく必要があります。そのために行うのが、この「社内ルール策定ワークショップ」です。

「働き方（勤怠ルール、休みの取り方など）」「お金の使い方（経費精算ルールなど）」「学習機会（研修受講時のルール、その後の活用法など）」といった具体的なルールを考えていく前に、まずは自分たちの組織の世界観（ありたい姿・状態）を明確にします。「こうあるべき」という責任感や義務感から描く状態ではなく、「●年後には地域社会がこのように変化しているだろうから、その中で私たちの会社はこういう価値を提供できる組織でありたい」と未来逆算思考で表現していくことが重要です。表面的な思考で議論するのではなく、自身の今の思考を形成してきた原体験にアクセスしながら深く考えていくために、カード等を使って身体を動かしながらイメージを膨らましていくと良いでしょう。

〈職場ルール策定ワークショップの進め方〉

1 「わたしがおもう〝よい職場〟」イメージ描き

パターンランゲージの手法を用いて、自分自身が思い描く「よい職場」に近いカードを選び、それを選んだ理由や意味をグループで共有する。

② 〝よさ〟にひもづく体験の掘り起こし

①で描いた「よい職場」の「よさ」とはどのような原体験から生まれたイメージなのかを考え、その原体験にひもづくビジュアルカードを選ぶ。

③ 「わたしがおもう〝よい職場〟」とはダイアログ

オープンダイアログの手法を用いて、②で選んだカードにまつわるエピソードをお互いに話し、聴き合う。

④ 「わたしたちにとっての〝よい職場〟」イメージ描き

①～③を経て現れた個々の〝よい職場〟イメージを踏まえ、チーム・組織全体で「よい職場」イメージを話し合う。パターンカードを使う。

⑤ 「よい職場」のためのルール抽出

わたしたちにとっての〝よい職場〟を実現するためにどのようなルールがあると良いのか、どこまでをルール化すると良いのか、「多様な働き方」を用いて話し合う。

　これらの手順で作られたルールは、就業規則と共に社内へ共有するだけでなく、業務知識等も添えた形で「社員手帳」としてまとめ上げ、全社員に配布するケースもあります。クレドカードと同様、オリジナルの手帳を作るプロセスで、自社が大切にしたい価値観やブランドの表現について考える機会となり、また、業務プロセスを見直すきっかけにもなります。また、ルールという言葉を使わずに表現するケースもあります。後述のとおり、ルールという言葉に強制的なイメージを持つケースも多いため、あえて別の言葉で、「わたしたちにとっての〝よい職場〟」を実現するために守りたいライン・境目を明確にしていきます。

　このワークショップは、「会社全体」でも「部署（チーム）」でも、さまざまな単位の組織体で取り組むことができます。例えば、クレド導入後の組織開発プロジェクトのチームにおけるルールを考えたり、協同労働で事業を動かす組織体で自分たちの職場のルールを考えたり、使い道はさまざまです。

大切なのは、「個」から始まる、ということです。例えば、「ルール」という言葉一つとっても、「スムーズに物事を進めるために必要なもの」とポジティブに捉える人もいれば「管理拘束されるもの」とネガティブに捉える人がいます。同様に、「よい職場」という言葉に関しても、「コミュニケーションがとれていて穏やかで思いやりある職場」と捉える人もいれば、「一人ひとりが専門性を深め集中して仕事に取り組める環境」と捉える人もいます。その捉え方の違いは、一人ひとりの原体験から形成された価値観・世界観の違いであるとも言えます。それらにフォーカスすることなしに、「わたしたちの職場はこうあるべき」という視点で議論が始まってしまうと、どんなに優れたルール・制度が完成しても、社内に共有したときに「やらねばならないもの」「守らねばいけないこと」として強制的・受け身な捉え方が広がってしまいます。

多くの人が「作られたルールをしっかり守る」ということが当たり前になっている現代社会において、「ルールを作る」ことを自ら取り組んでみることで、働くことや組織の在り方に対して自律的・主体的に考える習慣に変化させることができると言えます。このワークショップを行うこと自体が、「自分たちの組織の未来像を主体的に描き組織運営への参画意識を高める」という目的を持ったものなのです。各メンバーが職場の課題に当事者意識をもち、お互いのつながりの質を高めるようなプロセスを経て、納得感の高いルールを作っていくことが求められます。

8．組織の土壌づくりで大切な「四つのステップ」

この章のまとめとして最後にお伝えしたいのは、「ＥＳ組織開発においては、いきなりメンバー皆の共有・共感を目指すのではなく、まずは一人ひとりがあり方と向き合い、互いのおもいを伝え合うことから始め、段階的に取組みを進めていくべき」という点です。

お互いのおもいを伝え合うことで、お互いを知り合うことができ、そこからお互いの受け入れ・認め合いが進み、私たちの会社としてこうありたいという共有・共感への流れができていきます。

特に大切なのが、「知り合い、認め合う」という段階です。組織づくりは、組織と個人それぞれのベクトルは異なっているという前提から始まります。異なる者同士の中から、共通するおもいを明確にし、お互いのベクトルを合わせていくことが、関係性を良くすることでもあります。そのため、「異なり」を認識することを怖がらない、という点も重要です。

対話とは、言語によるコミュニケーションを通して、お互いの異なりを知り合うことでもあります。共通するおもいの重なりを明確にすることは、それ以外の違い（異なり）を認めるということです。人間誰しも、完全におもいを一致させるということは不可能ですから、異なる価値観・考えをもつ者同士の中で、これこそを大切にしよう、という共通認識を明確にし、互いの共感を高めていくプロセスにこそ意味があると言えます。

ＥＳ組織開発４つのステップ

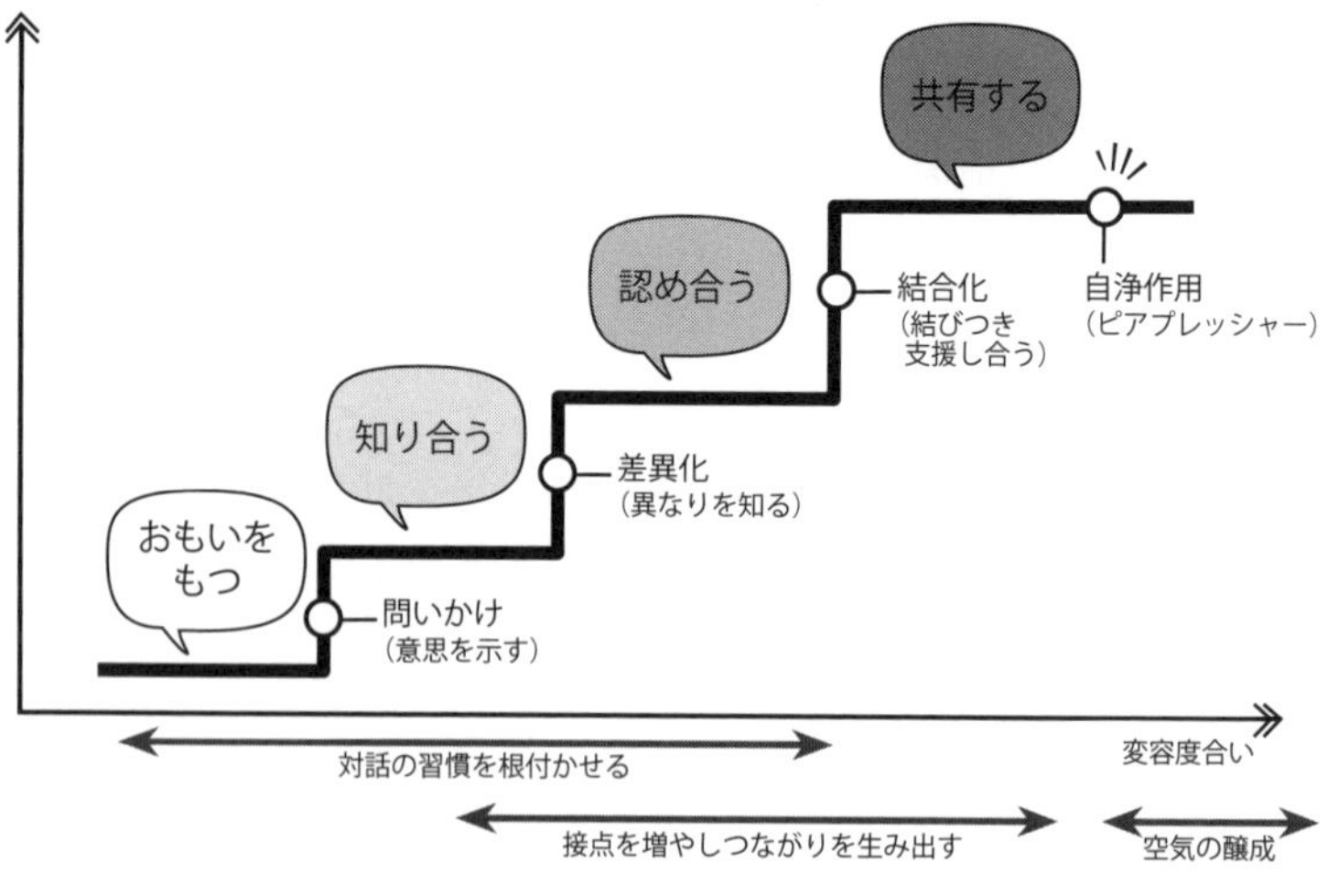

第3章　「コミュニティ型」組織の人事制度とは

1.「管理・統制」から「個が尊重される」組織になるために

本書「はじめに」でも書いているように、これまでの企業の人事制度は、組織を機械論的に捉え、管理・統制するいわゆる「人的資本管理」という視点に立ったうえで構築されてきました。このしくみは、資本主義社会において高度経済成長を成し遂げた日本でも非常にうまく機能したと言えます。しかし、テクノロジーが進歩し、グローバル化が進む中で、企業はさらなる効率化を目指し、そこで働く社員たちはより複雑な機械的システムの中に組み込まれていっています。このような機械的システムの中では、働くことへの喜びを実感し、人間らしく自分の個性を発揮することが本当にできるでしょうか。

確かに昨今、「ワークライフバランスの推進」「働き方改革」「テレワークなどの多様な働き方の推進」「従業員満足の向上」といった、社員にとって働きやすい環境を整えていこうという動きは数多くみられます。しかし、それらはやはり、基本的にはこれまでの社員を管理・統制することが前提でつくられた「規則」「制度」「ルール」の域を超えるものではありません。企業がその存在を維持、成長するために、現状の延長線上のシステムであり、そこに社員が組み込まれていくという構図はなんら変わらないのです。

社員が本当にその人らしく、十分な安心感のなかで、その一人ひとりの個性や能力を発揮するような働き方はできないものでしょうか。残念ながら、これまでの企業目線の管理・統制的ないわゆるピラミッド型組織を維持する限り、その実現は難しいと思われます。組織のありかたを「統制」から「協働」へ、そして「創発」の状態へと変容させていかなければなりません。企業が社員を管理・統制することを手放し、組織を本当に社員の個性や能力、そしておもいを活かすことができる場にしなければならないのです。社員たちが決められた答えに向かって働くのではなく、組織の方向性や未来を理解しつつも、自らの意思でやるべきことを考え、仲間との対話を通じて最適の方法を決めてゆき、自律的に実行していくことができる組織や個人が生かされる組織といえるでしょう。

自律分散的な組織には、最初から具体的に決められたゴールや決められたキャリアの道筋、こと細かな規則などは存在しません。物事を決めていくために行うべき対話やプロセスの共通認識とでもいうべき緩やかなルールが存在するだけです。もし自律分散的な組織が広まれば、極端な話をすれば、これまで当たり前にあったような管理型の人事制度は、そのほとんどが不要となってしまうかもしれないのです。

また自律分散的な組織においては、上司や部下のいわゆる上下関係といったものは極めて少なくなってくると思われます。そこでは、プロジェクトごとにそのことに一番おもいをもった社員がリーダーとなり、そのプロジェクトをリードしながら進めていきます。当然、プロジェクトごとに役割や報酬も変わり、組織全体の形も常に変化をします。もちろん、通常は組織自体が小さなプロジェクトの集合体の大きなプロジェクトでもあるので、その中心となる存在（いわゆる経営者）は必要になります。このような組織においては人事制度とは固定的なものでなく、また固定された階層も存在しえません。報酬も上位の誰かが決めるのではなく、オープンで必要な情報を共有した中で、対話などにより自然と決定されていくようになります。

ちょっと想像できないと思われるかたもいるかもしれませんが、これに近い組織は創業間もないベンチャー企業や、社会貢献を目的に集まったNPO法人、役員とフリーランスのみで形成されているプロジェクト型の組織などでみることができ、そのような組織も徐々に増えてきているように思われます。そしてネット社会によるさまざまなコミュニケーションツールの発達により、ふつうの企業でも今後は徐々に自律分散的な組織が増えると思われます。何より、働く人々が管理的な組織より、より自分の個性が活かせて人間らしく働ける自律分散的な組織を選ぶようになるでしょう。これまでの管理・統率型の組織での働き方に閉塞感を感じ、未来への希望がもてない若者は決して多くないと思われます。このような時代に流れにおいて、当然企業も自律分散的な組織へ変容することも視野にいれていかなければいけないでしょう。

しかし、すでに存在する日本の企業のほとんどは、管理・統制型のピラミッド組織であり、その仕組みの中で利益をだしてきていた企業にとって、急に自律分散的でフラットな組織に変わろうとすると大きな混乱が生じることは容易に想像できます。また、あえて自律分散的な組織よりもピラミッド型組織を選ぶ企業もあるでしょう。

本章では、これまで、いわゆる管理・統制型のピラミッド組織が、これまでの組織から一歩、自律分散的な組織へと変容を遂げるための移行期的な人事制度について、事例に基づいた具体的な手法をご紹介します。読者の中にはそのような時間のかかる過程を経ずに、劇的に組織を変えてしまうほうが現代のスピードの速い時代にはいいのではと思われる方もいるかもしれません。しかし、組織の変容のためには、そこで働く社員個々人が自律的に働けるようになっているかどうかが重要になります。自律分散的な制度を導入するための準備がそこで働く社員個人や組織風土としてできているか？ということが問われるのです。これまでは、統制的な組織の中で働いていた社員が急に「あなたに決定権をあたえるので、自由に働いていいです。お給料も自分で決めてください。それが組織の方向性にあっているならどのようなことも決めて、実行していいですよ」と言われればどうでしょうか？急にそのような働き方ができるものではありません。組織の状態を変えていくには、一定の時間がどうしても必要になるのです。自律分散的な組織を目指すためには、組織は対話の習慣を根付かせ関係性の質を高めるためのしくみを取り入れつつ、個人のあり方や自律性を見ながら進めていく必要があるのです。

経営者も社員も「自律分散的に働く」といったことが準備できないうちに、一部の経営者、ましてや外部（コンサルタントなど）の介入により、短期間で組織に変化をもたらすことは大きな痛みを伴うことになってしまいます。社員個人の成長や組織内の関係性の強化、自然な対話ができる安心安全の風土といった組織のソフト面の取り組みを進めつつ、組織のハード面といえる人事制度においては、その組織の状態にあったもの、あるいは目指すべき半歩先のしくみを導入していくべきなのです。そして一度作った人事制度であっても組織の状態に変容が生じた場合は、柔軟に見直しながら運用をしていく必要があるのです。

２．自社の状態を知ったうえで、これからの人事制度を考える

人事制度を作ろうとする際には

①その組織が今どのような状態にあるのか
②そこで働く社員の自律性やあり方
③その組織がどこに向かおうとしているのか（組織の方向性・あり方）

という点をまず明確しなければなりません。よく、「自社に合った人事制度を作りたい」という話を聞きます。それはすなわち、この三点をしっかりと把握したうえで、その組織の強みをもっとも活かすことができ、会社や社員が進んでいきたい方向性を加速させるための仕組みとしての人事制度をつくるということです。そのためには、第１章でお話している現状組織のモニタリングは極めて重要になります。

大量生産・大量消費を前提としたピラミッド型組織がすでに時代の流れについていけなくなってきていることは、多くの経営者やそこで働く社員たちも気づきはじめています。「このままの組織ではいけない」という声は、いろんな働く現場で多く聞かれていました。2020年の新型コロナの世界的パンデミックがトリガーとなり、一気に新しい働き方、新しい組織への変容を迫られる形となったのです。

- テレワークやワーケーションといった場所を選ばない働き方の増加・副業（複業）の増加
- フリーランサーなど、雇用にとらわれない働き方の増加
- オフィスの縮小・分散化
- ギグワーカーの増加
- 一部企業の独占化（巨大化）と地域企業の増加
- 株式会社以外の組織の増加（NPOや社団法人、ワーカーズコープなど）

のようなことも起こり、組織のありかたと働き方は一気に変化しはじめているのです。

このような状況の中で、いくつかの組織は、これまでのピラミッド型組織から、自律分散的な組織への変容を目指すようになってきました。グローバル化も進み、多様な価値観を認めあうことが当然のこととされてきはじめました。テクノロジーの発展により、世界中のあらゆる情報を得られるようになり、個人も自由に発信できる時代になりました。この流れはさらに加速していくことでしょう。

スピーディーに意思決定し、一人ひとりの個性が発揮されるような組織でなければ、組織の存続すら危ぶまれるようになってきているのです。

自律分散的な組織になると、現場主導で物事が決定されるため、非常にスピーディーで変化に柔軟に対応できるようになります。

業界や地域も差こそあれ、多くの企業は、いずれ自律分散的な組織へと変容せざるを得ないと思われます。そして、それはそれほど遠い将来のことではないでしょう。そのような時代の流れがある以上、経営者は現状の組織の状態をしっかりと把握しつつも、中長期的には「自律分散的な組織」への変容を模索しなければならない時期にさしかかっているのではないでしょうか。

人事制度の構築を検討する場合、冒頭でも述べたとおり、まずは「自社が、今どのような状態にあるのか」ということに率直に向き合うことが重要です。完全に管理された中で働くのが当たり前になっているような組織でいきなり「自律的に自分で判断して仕事をしてください」といわれても社員は困ってしまいます。また、社員同士がお互いの背景を知ったうえで仕事をしているのか、あくまでも割り振られたジョブを効率的にこなすのか、といったスタンスも組織によって大きな違いがあるでしょう。効率性を重視するピラミッド型組織では後者を重要視しますが、一人ひとりの個性や背景を重視する自律分散的な組織では前者を重視します。

自律分散的な組織になっていくためには、社員同士がお互いの存在を認め合い、その間には良質なつながりが存在することが必要です。常に対話をする風土が組織の中にあり、経営者も社員も対話の習慣が重要だということが当たり前に感じている状態にどのくらいなってきつつあるか、という点は、どのような人事制度を導入すべきかの大切な判断材料となります。対話の習慣が根付いる組織であれば、抵抗なく自律分散的な人事制度の運用が可能でしょう。一方でまだあまり対話の習慣ができていない組織においては、自律分散的な組織への変容を促すために、これまでよりも対話を少し多く行うことが求められる制度を導入するなどの方法も考えられるでしょう。

次に、2点目として、その会社で働く社員の自律性やあり方という点で、自律分散的な人事制度を受け入れる準備ができているかどうかも重要です。自律分散的な組織になっていくためには、当然そこで働く社員一人ひとりが自律的に働くことに幸せを感じるようなっていかなければなりません。そして、単にお金のためだけに働くというのではなく、心のより深い部分にある実現したいことに結びつく働き方、自分のあり方に結びついた働き方ができなければ、自律分散的な組織においては長くその場で働き続けるモチベーションが続かないでしょう。

第1章で述べた成人以降の意識の発達段階という視点で考えると、自律分散的な組織の中心となるリーダーは、他者依存の段階を超えて自己主導段階にあるほうが望ましいと思われます。例えば、そこで働く多くの社員、とくにリーダー達の意識が利己的な段階であれば、いくら対話の場を会社が用意しても自分の利益のみを優先した話し合いになり、対立のみが生じてしまってうまく組織は機能しません。また、他社に依存する段階であれば、日々行わなければならない大切な決定もなかなかうまくできないことが多いでしょう。

ただ、意識構造の成長は個人によって差があって当然ですし、誰もがすぐに成長するものではありません。注意をしなければいけないのは、組織の中にはさまざまな人がいて当然で、単に成人以降の発達段階という視点（メガネ）だけで組織を見て、ある段階の人を組織から排除すべきということでは決してないということです。逆にいろんな段階の人でも個性を発揮できるのが自律分散的な組織での「コミュニティ経営」です。組織をコミュニティと見た場合は組織は常に外に開かれており、組織内のある場面や、組織と組織外との間などでは、たとえ意識構造が利己的な段階であっても、組織の流れの中でそのメンバーが抜群に自己主導的になることがあるということを、私たちは実際に経験し、見てきました。

自律分散的な組織では、一人ひとりが自律して行動していることが大前提にあり、できる限りルールやマニュアルでマネジメントすることを排除していきます。一人ひとりが考え、意思決定する（それができる）組織なのです。また、そういった組織のあり方によって、社員一人ひとりの自律性は高まっていくのです。その準備が多くの社員にできているか、特にリーダーができているか、という点を注意深くみながら人事制度の導入をすすめていかなければなりません。「自分のやりたいことを自分で決めてやっていきたい」「誰かに言われるのではなく、自分で考えて組織に貢献したい」と思える社員がどのくらい増えてきているのか？　やみくもに社員に自律を強制するような人事制度を入れてしまうと、社員にとって大きな心理的不安となり混乱が生じることもあるのです。

人事制度を作ろうとする場合、明確にすべき事項の三つは、組織全体として何を目指していくのかという点です。ここでは「組織全体」といいましたが、やはり組織の意思というものはその組織の方向性を最も強く指し示すことができる社長や創業者の意思は重要になります。自律分散的な組織においては、組織は社長の意志だけですべてが決定するということはありませんが、大きな方向性はやはりトップである社長から示されるものです。しかし、社長のおもいに共感する社員がいなければ当然組織は崩壊してしまいます。自律分散的な組織においては、規則やルールでなく、組織のおもいを共有し、それぞれの立場で役割を自律的に実行していきます。方向性を示すのは社長かもしれませんが、それは決して社長のおもいというだけでなく、そこで働く社員みんなのおもいとつながっていかなければならないのです。社員が「自分のやりたいことがここにいればできる」と思えるようにならなければ、本当の意味での個が活かされる組織になることはできないのです。自律分散的な働き方をよしとする土壌があり、その前提で自分たちが何を目指したいのかというビジョンが社長と社員みんなで共有されていること（あるいは共有されつつあること）が、自律分散的な人事制度を導入するための一つの条件といえるでしょう。

組織の変容は、トップから発信され、動きはじめることがほとんどです。ただし、トップの方針（おもいといってもいいかもしれません）が全員に強制されるのではなく、あくまでも個人一人ひとりが自分で感じ、考えて行動するのが自律分散的な組織です。個人の存在やおもいが尊重される場になれなければ、本当の自律分散的な組織へとは生まれ変われないでしょう。もちろん経験や年齢やおもいの強さなどにより組織全体への影響力は違ってくるでしょうが、社長であっても新人であっても、個人個人のおもいが花開くのが「コミュニティ経営」です。一人ひとりが人間としてありのままの自分を出すことができる場なのです。

以上、人事制度の構築を検討するにあたって明確にすべき点を大きく3点見てきました。人事制度と組織や個人の状態というものは、「にわとりと卵」のようなもので、「組織や個人の状態がこうだからこの制度を導入する」なのか、「組織や個人の状態をこうしたいからこの制度を導入する」なのかは悩ましいところです。組織に変容を促し続けるということを考えるなら、後者の考え方をもって人事制度を構築、導入してゆけばいいでしょう。しかし、それはあまりに無理をするものではなく、「組織が目指す一歩か半歩先」の制度を導入しながら組織や個人の変容、成長を促しつづけるべきでしょう。

3. 自律分散的な組織で求められる社員の「あり方」

これからの時代は、人事制度や就業規則など、いわゆる「制度」といわれるハードの部分をつくり変えれば、組織が良くなるというものではありません。そこで働く社員の意識レベルや社員同士の関係性の質（ソフトの部分）が向上することで組織は良くなるのであり、人事制度はそれらに合わせて作りかえていくべきものです。逆に人事制度がその組織の発達の足かせになったり、邪魔をしたりすることのないように注意をしなければなりません。

これまでの人事制度は、例えば目標管理やコンピテンシーなどを活用することはかなり効果がありました。大量生産・大量消費を前提とした時代のピラミッド型組織において、過去の経験から会社や上司がもっているノウハウを新人に伝え、ある程度決められたやり方で働いてもらうことで、かなりの確率で予想された成果を上げることができたからです。ただ、社会全体が多様化し、これまでにないスピードで変化が起こっている現代において（もちろんすべてがそうだとは言えませんが）その効果がでにくくなってきています。

目標管理は、上司と部下で面談を行い、今期達成すべきことを会社の方針に沿って設定します。その目標を達成するために、部下は1年間あるいは半年間など活動し、上司はこれを支援します。しかし、今の組織で1年間も同じ目標を追い続けることで、企業の業績に本当に貢献できるでしょうか？

変化の激しい現代では、1年後の目標などを具体的に立てることが不可能になってきているのです。

また、コンピテンシーでは、業績の高い社員の行動特性を抽出し、その特性を他のメンバーにも実施させることで全体のレベルをあげようというものです。これも、職務内容が皆同じで、そのプロセスが変化しない環境なら効果はありました。しかし、今は一人ひとり担当する職務は多様で、そのプロセスも常に変化が起こります。「業績を必ず出す行動特性」を抽出すること自体が難しくなってているのです。

もちろん、今後も、職種、仕事の内容や本人の等級などによっては有効な手法である場合も当然あります。例えば、入社から3年以内の新人を育成し、評価する場合はコンピテンシーを用いて自社の仕事の「型」を身に着けてもらうことは有益でしょう。また、短期間で出すべき成果の形がはっきりしている営業活動などは、数値目標をはっきりと示した目標管理がうまく機能するとおもいます。しかし、複雑な今の時代において、このような定型的なマネジメントや評価では、組織として継続的に存続するだけの利益を出し続けることは難しくなっているのです。上司から言われたこと、マニュアルで決められたこと、半期目標に掲げられていることだけをしていても、成果が出なくなってきているのです。では、会社として社員にどのように働きかけていくべきなのでしょうか。

成果を出すためには、「知識・能力・経験」が必要です。これまでの人事制度は、成果を出すために「目標管理制度」で組織の目標を個人にまで落とし込み、「知識・能力」を身に着けさせるためにコンピテンシーを用いたり、技能研修やOJTを実施したりするなど、さまざまな経験を積ませることを仕組化してきました。繰り返しになりますが、これらは、ある程度正解が予測できる「大量生産・大量消費」時代ではうまく機能しました。しかし、複雑な今の時代には対応できていません。一人ひとりが自分の「あり方」に向き合い、より高い視座で仕事というものをとらえなければ、部分最適にはなっても、組織にとっての全体最適にはなりません。自律分散的な組織においては、一人ひとりが判断することが求められますし、「自分が何をしたいのか、何をやるべきなのか」が常に問われます。その際に、本当に組織全体のため、さらには社会全体のために最適な判断ができなければならないのです。

例えばプロ野球で考えてみましょう。A球団とB球団はライバル関係です。A球団が若手の有望選手をすべて入団させれば、B球団には勝てるようになりますが、プロ野球全体がおもしろくなくなってしまいます。サッカーやゴルフなどのほかのスポーツに人気を奪われ、プロ野球自体がなくなってしまうかもしれません。そのために、ドラフト制度など、プロ野球全体が発展するようなことを考えることも必要なのです。

A球団にとっては好ましいことでも、プロ野球界全体にとっては望ましくないこともあります。また、プロ野球界にとっては魅力的なことでも、日本のスポーツ界全体には悪い影響を与えることもあります。さらに、スポーツ界にとっては利益があることでも、日本社会全体として考えると、不利益になることもあるかもしれません。

どの視座でものごとをみるかによって、判断もかわってくるのです。どの視座でみて、考えて、行動ができるかということは、一人ひとりの「あり方」に大きくかかわってきます。自律的に行動する場合、その人間がどのようなおもいや意識をもっていて、どのような視座で考えているかによって、同じような能力やスキルがある人でも、結果が全く違ってくるのです。

次ページに掲載されている図にあるように、これは大地に根差す木のようなものです。

成長や結果	花がさいて最後にえることができる「果実」
知識・能力・経験	土壌から水を吸い、太陽の光を十分に吸収しながら成長していく「幹や枝」
人としてのあり方や視座	幹をささえ、土壌にしっかりと広がった「根」

しっかりと土壌に根を広く張れば張るほど、より大きく高い木になることができ、そこに咲く花も大きく美しいものになります。土壌は組織そのものということができます。十分に根を張ることができる土壌がなければ、大きな木になることはできません。土壌である会社それぞれに、独自の組織文化や風土があります。ある人にとっては居心地がよく、十分に根を張ることができても、ある人はあまり栄養を吸収できないことがあります。一人ひとりが自分に合った土壌に根を張っていくことも重要なのです。

根とは一人ひとりの「あり方」のことです。それは、人や地域、自然との関係性から生まれてくるものです。弱い根では、例え見た目の幹や葉が大きく育っても少しの風で倒れてしまいます。いかに強い根をたくさん伸ばしていくか？　それがその人のあり方であり、これからの仕事観や人生観を支えていくのです。自律分散的な組織においては、実はこの根が重要になるのです。一人ひとりがしっかりと土壌（自分がいる組織、地域、社会といったコミュニティ）に根をはり、良質の関係性で周囲と結びついていくことで、その個性が活かされ、成長し、幸せに生きていくことができるのです。「あり方」は英語でいえば「Being」です。人は「Being」に基づいた行動「Doing」しかできません。このあり方は、家庭などはもちろんですが、会社という組織や地域社会といったコミュニティによっても育まれていくのです。会社はそのような成長の場になっていかなくてはならないですし、人事制度は、見えないつながりやエネルギーのようなものを、皆が少しでも見えるようにするための大切な装置なのです。

人事制度においては、成果（花）や能力（幹）をみることはもちろんのこと、これからはこれまであまり見られることのなかった根（あり方）の部分を意識することが重要になってきているのです。

成長する木と土壌

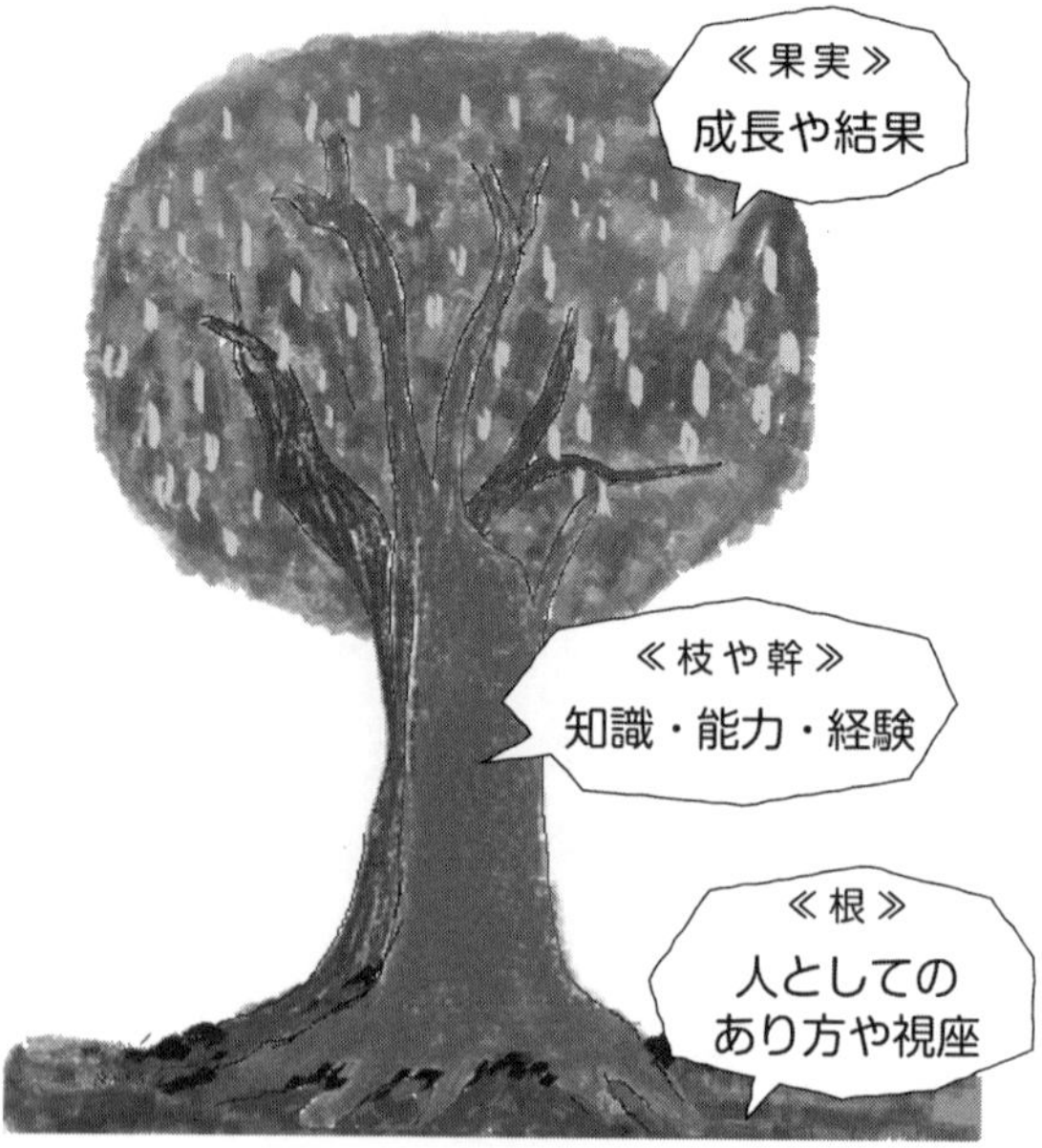

4．メンバーシップ型社員からコミュニティ型社員の時代へ

会社という組織は多くの社員が集まって成り立っています。よく言われることですが、組織の雇用形態は大きく分けると、海外の「ジョブ型雇用」と日本が長くとりいれてきた「メンバーシップ型雇用」に分類されます。簡単にいえば、ジョブ型は「今ある仕事に人をつける」つまり、職務給的な考え方がベースです。それに対してメンバーシップ型は「人を成長させて、仕事をつけていく」ということをします。結果として、メンバーシップ型のほうが長期安定雇用となり、解雇などをしにくい仕組みとなります。

企業側から見て、一般的に言われているそれぞれのメリットとデメリットは以下のとおりです。

	ジョブ型雇用	メンバーシップ型雇用
メリット	・必要な人材をタイムリーに採用でき、ミスマッチが生じにくい ・スキルや成果で給与が決まるため、給与設定がわかりやすく、不要な人材を抱えることになりにくい。また、その時の市場価値に応じた給与額の設定をしやすい ・賃金が年功的になりにくい（基本的に職務給となるため） ・欠員がでた場合や必要性が生じた時の中途採用が比較的容易（職務が明確なため） ・万が一の事業撤退時などは、人員調整が比較的容易（もちろん解雇は難しいが、それでも職務限定社員や期間限定であれば通常の正社員よりも容易であると考えられる） ・スキルのあるものを採用するため、比較的教育コストがかからない ・職務が限定されるため、社員が仕事に対してプロ意識を持ちやすい	・長期雇用を前提に新卒者、若者の採用を積極的に行える ・会社が社員のキャリアプランを中長期的に描かせることができる ・長期雇用が前提となっており、転職リスクが少ない（少なかった） ・契約にない仕事や残業などを命じやすく、転勤なども命令することができる ・会社への帰属意識、ロイヤリティが高くなることが多い
デメリット	・新卒者、若者の採用が難しくなる ・会社内でのキャリアアップを社員に描かせるのが難しい ・優秀な社員の給与が高騰しがち。また常に転職されてしまうリスクがある ・契約にない仕事や残業を依頼しにくい ・異動や職務変更を命ずることができない ・会社への帰属意識、ロイヤリティが高まらないことが多い	・社員を抱えてしまい、必要な人材をタイムリーに採用しにくい ・年功的賃金になりやすく、また解雇が難しいため人件費が高騰しやすい ・解雇が難しいため、場合によっては「社内失業状態」の社員を抱えてしまう ・本人の希望する仕事とは違う仕事につくこともあるため、希望とのミスマッチが生じることも多くなる ・同じ職務をやり続けることが前提にないため、専門性がつきにくい場合がある ・中長期的な教育が必要であり、そのコストもかかる ・中高年になり、やる気がなくなった社員のモチベーションを維持させることが難しい

このようにみると、「ジョブ型雇用」と「メンバーシップ型雇用」は、ほぼ対局にあることがわかります。それぞれに長所、短所があります。では、これからの時代、どちらの雇用形態が主流となってくるのでしょうか？

短期的な視点で見れば「ジョブ型雇用」でしょう。世界中の人がどこでも、いつでもつながり働けるようになると「その時必要な労働力」とのマッチングが進みます。あえて社内で労働力として抱えておく必要がなく、必要に応じて世界中から安くて優秀な労働力を探すことができるようになってきます。また、社員のほうも長期雇用を前提に自分の人生をしばられるようなことは望まなくなっていくでしょう。すでに転勤を嫌う若者は数多くいます。このような時代に「メンバーシップ型雇用」を維持し続けることは、企業にとって大きなリスクになってしまいます。さらに「ジョブ型雇用」は限りなく業務委託と区別がつきにくくなり「雇用」という概念すらなくなってしまうかもしれません。

では、企業はこれから「ジョブ型雇用」だけを推進していけばいいのでしょうか？

そうとはいえません。

- 緩やかに外部に開かれており、組織の中と外の壁がない
- 多様性が認められている
- 一人ひとりが「安心安全」を感じながら、やりたいことができる風土がある

といった特徴がある自律分散的な組織になることはありえません。とくに3点目の定義に合致するためには、これまでの「メンバーシップ型」の良さを残していくことが求められるでしょう。

では、「ジョブ型」でも「メンバーシップ型」でもない自律分散的な組織における雇用形態は、どのようなものでしょうか。

「コミュニティ型組織」のコミュニティ型社員は、基本的には長期雇用を前提として会社に入ります。ただし長期の金銭的・生活的補償を前提として滅私奉公して働くというものではなく、会社の価値観や方向性に共感し、仲間と強いつながりを維持しながら働くという雇用形態です。コミュニティ型雇用がメンバーシップ型雇用と一番違う点は、社員には共感を前提にした自律した働き方が求められるという点です。逆に言えば、会社はそのような社員が活躍できる場をつくらなければなりません。契約的に結びついた雇用でなく、お互いに限りなく自由で自律しながら「やりたいことが似ている。楽しく感じることが似ている。価値観が似ている。望んでいる未来が似ている」という点で結びついている雇用形態です。企業は常に新しい仕事を生み出していかなければなりません。それは、今までは主に経営者の仕事でした。しかし、今の時代、少数の経営者だけで、常に新たな仕事を生み出していくというのは非常に難しいのです。より多くの「価値観や問題意識を共有したメンバー」とともに組織を運営していかなければ、会社は新たな課題解決のための商品、サービスを時代のスピードについていきながら生み出していくことはできないでしょう。コミュニティ型社員は「忠実で言われたことを一生懸命やる」だけの社員ではなく、自律した考えをもちながらも、組織の「あり方」に沿った行動がとれる社員です。そして、自分が何で組織に貢献できるかを理解し、その能力を備えている社員です。価値観を共有し、長期的な視点で一緒に動くことができるコミュニティ型社員が、これからの時代は会社のコアとなっていくのではないでしょうか。

「コミュニティ型社員」は、その会社の新たな価値を共に生み出していくメンバーです。このメンバーは、単に労働の対価としての報酬でつながっているのではありません。「自分たちは何をすべきか」「自分たちは何ができるか」「自分たちは何をしたいか」という点で、共通の価値観、課題意識を持っており、一人ひとりが自律した考えと能力を備えているのです。そして、自分が属する会社、そしてその地域や社会とつながっているということを強く感じ、意識しています。経営陣やコミュニティ型社員たちの共通の課題意識の中から新たな事業が生まれ、やがてそれは時間をかけて会社の利益を生み出していくようになるでしょう。このような社員が軸となりコミュニティ経営を推進していくことになるのです。

第4章 コミュニティ型組織の評価と賃金

1．コミュニティ型社員を軸にしたキャリアコース

本書では、これからの時代は共感を軸としたコミュニティ経営が求められるだろうと述べてきました。コミュニティ型組織では、誰かが管理統制するということはなく、自然と個が活かされ、自律分散的な場になっていきます。ただ、管理型組織からの移行期において、コミュニティ型社員を軸とした制度をつくり、組織の変化を促すことは良いでしょう。第3章で述べたことを前提に本章では自律分散的な組織に変容していく組織に合った人事制度の具体例を見ていきます。

具体的な人事制度を構築する際にまず着手するのが、会社が考える社員のキャリアコースです。柔軟な自律分散的な組織においては、形になったキャリアコースなどないほうがいいのかもしれません。形として提示した瞬間にそれはルールになり、本当の意味での自律性を阻害し、社員を縛り付けてしまうリスクが出てきてしまうからです。しかし成長途中の多くの社員にとっては、具体的なキャリアイメージがあったほうが次の一歩を目指しやすくなるのも事実でしょう。何より、日本の多くの企業

は、自律分散型になっている会社はまだ極めて少ないのです。いわば、これからの10年は、多くの会社が自律分散的な組織へと変容していくための「移行期」ということが言えるでしょう。そのような段階においては、目に見える形で自律分散型へと続くキャリアコースを示すことは重要なことです。

コミュニティ型経営を目指すコミュニティ型組織の移行期的体形として、以下のようなものがあります。

社員を「コミュニティ型」と「ジョブ型」に分けます。ただし、エントリーメンバー（これは例えば30歳までといった一定の年齢の区切りがあったほうが現実的だと思われます）はどちらに進むべきか、働きながら考える期間が与えられます。本来はこの区分も、制度で区切るべきものではないかもしれません。個人の働き方のスタンスはさまざまで、どちらかに区分しきれるものではないからです。しかし

新しい会社の人事区分

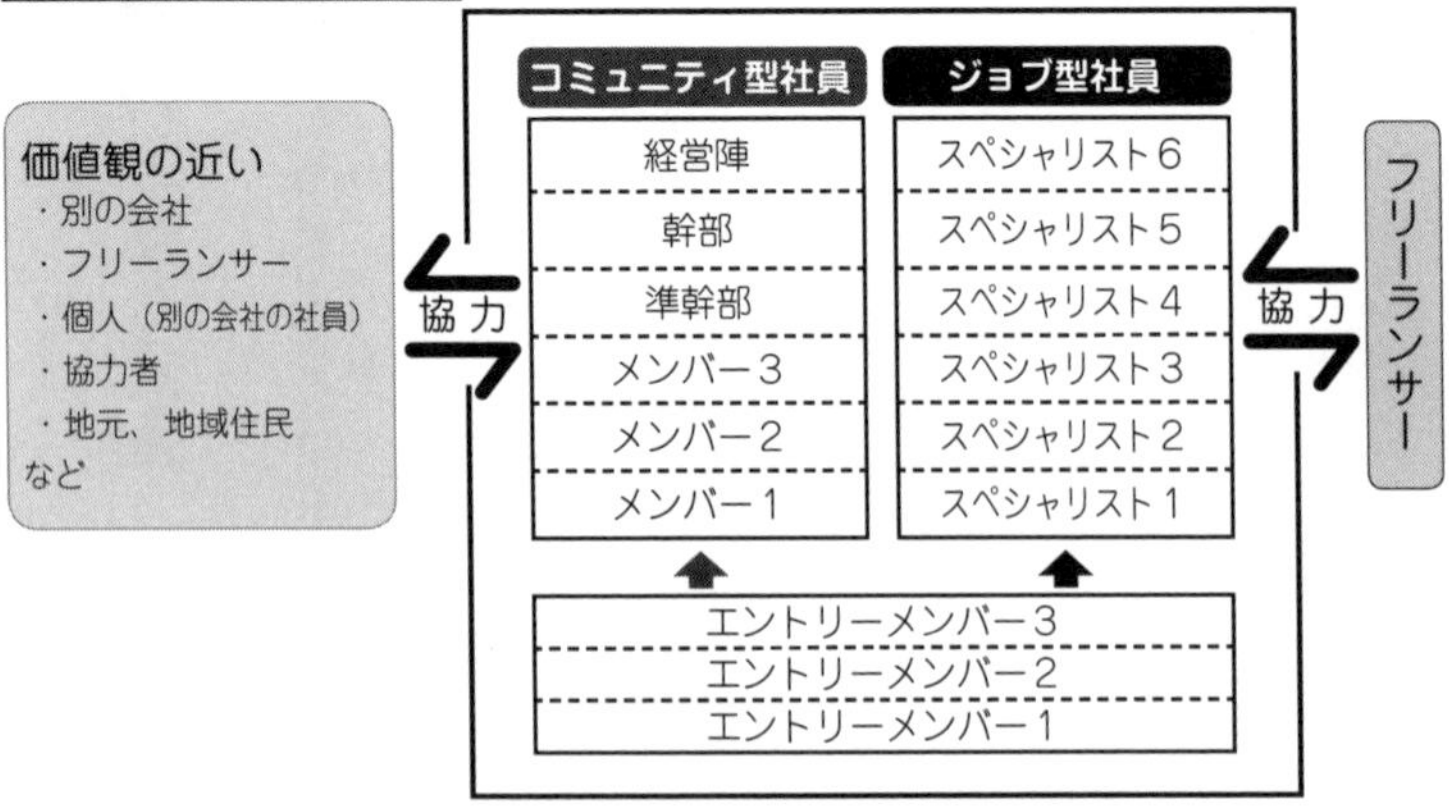

組織運営においては、この「境界」がどうしても必要になることがあります。区分間の移動はなるべく柔軟にしつつ、制度としての区分はつけておきます。

どの社員にも年齢に応じた基本給と家族構成に応じた家族手当は支給されます。これは今後国が行うようになれば必要ありませんが、最低限の生活を維持するためのベーシックインカムのようなイメージです。

■コミュニティ型社員

会社の意思決定をするメンバー。会社の共有資本を自由に活用できる。長期的雇用を前提として、共通の価値観、課題意識で仕事に取り組み、組織のあり方を常に考える。時間的労働という概念はなく、自分の人生の一部に組織への活動、貢献が組み込まれている（仕事と遊び、プライベートの融合が自己の中で問題なくできている状態）。報酬は一定の経験と周囲からの信頼感、組織全体への貢献・影響力の大きさで固定部分が決まり、変動部分は会社全体の利益に応じて都度決定する（業績分配賞与的）。

■ジョブ型社員

会社の理念・方向性に共感していることが前提で、会社から求められる役割に対して「成果」で応える。基本的には時間的労働という概念はなく、いわゆるアウトプット型の成果をだすことを最大のミッションとする。ただし、あまり高くないレベル（等級）など、完全な裁量を与えることができない場合は、実態に応じて労働時間を管理する。報酬は基本的には職務給。担当する仕事の市場価値に見合った固定給与＋アルファ（歩合や周辺業務に応じて設定）とする。長期雇用を前提とするが、担当する役割に応じて、職務給部分は年度単位で変動する。

■エントリーメンバー

若手社員で、仕事を覚える段階。固定給与＋業績に応じた賞与とし、時間管理を行う。

これら三つの区分で組織を考えていくことになります。将来的には社長や役員が会社のすべてを決めるのではなく、コミュニティ型社員も参加した全体会議のような話し合いの場が組織の最高決定機関となっていくでしょう。コミュニティ型社員は、その最高決定機関の方向性の中で自由にさまざまな事業に取り組むことができます。ただし、常に「タイムリーな情報共有」と必要と思われる関係者への「報告と相談」は随時実施する義務が生じます。

それぞれの区分に「短時間勤務」や「在宅勤務」は存在します（ただしコミュニティ型社員に関しては管理職のように労働時間の概念があまりない）。このような組織が増えてくると、自社のジョブ型社員やフリーランサーが、他社に属するコミュニティ型社員ということもでてくるでしょう。ジョブ型社員とフリーランサーとの区分は今は明確にしなければなりませんが、将来的には一体化することも十分に予測できます。

このような「コミュニティ型」を軸としたキャリアコースを導入、運用するにあたって、もっとも注意をしなければいけないのが、決して「コミュニティ型社員が偉い」といった空気を会社に充満させないという点です。これまでの日本の人事制度では、「総合職」と「一般職」などの区分がなされることが多くありました。そのような人事制度においては、「総合職が偉い」となりがちでした。確かにコミュニティ型社員が組織の軸にはなりますが、多様性を受け入れ、皆が自律的に働いていくコミュニティ型組織は、それぞれが違いを認め合い、お互いの能力が十分に発揮されることで成立します。また、長い職業人生の中では、子育てや介護などの事情により、一時的にジョブ型や時間などを限定した契約社員、フリーランサーとして働く時期があるかもしれません。状況により、社外のフリーランサーとなることも含めたコースの移動の自由があることは必須です。

コミュニティ型社員は、職場のことを「コミュニティ」と捉えています。一方でジョブ型社員は職場を「チーム」と捉えることが多いでしょう。

コミュニティ	個が結び合って生まれ、個も組織もイキイキとエネルギーを感じる場、それ自体に存在価値があり、継続されていく。
チーム	一定の目的をもって集まった集団。同じおもいを持って、それぞれのメンバーが自分の役割でチームに貢献する。目標を達成した場合は、解散することもある。

コミュニティ型社員も、ジョブ型社員も、実際に会社で仕事を遂行するうえでは短期的成果を出すために「チーム」になる必要があります。ただコミュニティ型社員は、チームに参加する以前にコミュニティの一員であり、そのことが組織の方向性への意思決定権をもつことになるのです。もちろん、現状の会社では、法的に組織の方向性を決定できるのは、代表取締役であり、株主です。しかし、本来、コミュニティとしての組織運営においては、その意思決定にはそこで働いている社員も加わるべきです。労働者協同組合法の施行を受け「協同労働」の働き方などが注目されつつありますが、コミュニティ型組織においては、徐々にでも組織の意思決定にコミュニティ型社員を参画させていくべきです。

2. コミュニティ型組織の等級基準

人事制度の根幹になるのは、先ほどご説明した「キャリアコース」です。それを運用レベルに具体的に定義するのが、「等級基準」です。キャリアコースと同様に、多様な働き方が認められるようになり、一人ひとりの個性や特性を全体として受け入れるような組織になれば、もはや「等級基準」などはいらない時代がくるかもしれません。しかし、自律分散的な組織への過渡期における会社にとっては、一定の定義をわかりやすく言葉で示すことは必要でしょう。

等級基準は、その名のとおり、社員の現状の基本的位置づけを定義付けするものです。人事制度においては、等級が高いほうが報酬も高く、またさまざまな職権が与えられます。一人ひとりが自律的に動くことができるコミュニティ型組織においても、一定の目安としてこの制度は構築しておくべきです。

第3章108ページの「木」の絵で示したように、自律分散的な組織で成果を出すためには、知識・能力・経験だけでなく、「個人としてのあり方や視座」も重要になります。これらの要素は等級基準にも盛り込むべきでしょう。

現状、次ページ図表の一番右側に示されているような、「役割・期待される成果」を軸に、等級基準が作られている会社が多いのではないでしょうか。「木」の絵の「果実」を基準としているということです。つまり、求められる成果やまっとうすべき役割を、唯一の等級を定める基準としているのです。同一労働同一賃金がスタートし、この傾向はさらに強くなるようにも思われます。一口に「役割」といっても、これからより複雑になっていく社会のなかで、組織運営をしていく上では、この「役割」を事前に明確に示すこと自体が難しくなってきています。初級等級(次ページ図表の例でいえば、E－1およびE－2)であれば、具体的な職務を限定し、期待される成果、役割を示すことはできるでしょう。しかし、上位等級になってくると、その業務は複雑であり、成果が出るのも中長期の者が多くなってきます。この定義は、やや抽象的に設定することはやむを得ないでしょう。

成長する木と土壌（再掲）

<table>
<tr><th colspan="2">知識・能力・経験
土壌から水を吸い、太陽の光を十分に吸収しながら成長していく「幹や枝」</th><th colspan="2">役割・期待される成果
花が咲いて、最後に得ることができる「果実」</th></tr>
<tr><th>コミュニティ型社員</th><th>ジョブ型社員</th><th>コミュニティ型社員</th><th>ジョブ型社員</th></tr>
<tr><td rowspan="2">公平性・審美眼
大局観・未来志向
柔軟性</td><td rowspan="2"></td><td>・長期組織のデザイン
・新たな価値創造・経営責任
（代表取締役）</td><td rowspan="2"></td></tr>
<tr><td>・経営全般・付加価値の創造
（取締役）</td></tr>
<tr><td colspan="2" rowspan="2">社交性・分析力・戦略性・創造力・自己確信・課題発見力・責任感・対話力・共感力</td><td>・組織運営・組織価値の構築
・人材の育成
・ブランディング
（執行役員・部門長）</td><td>・専門・担当分野における最高責任者
（リスク管理・育成・開発）
・組織価値発信</td></tr>
<tr><td>・チーム運営
・組織価値の社内外への発信
・人材指導
（課・チームの責任者）</td><td>・専門・担当分野における業務遂行・開発・継承
・組織価値発信補佐</td></tr>
<tr><td colspan="2" rowspan="2">向上心・学習欲・リーダーシップ・状況把握力・慎重な行動・計画性・実行力</td><td>・複雑・多様な業務
・組織価値発信補佐</td><td>・高い専門性を活かした業務遂行</td></tr>
<tr><td>・複雑・多様な業務</td><td>・専門性を活かした業務遂行</td></tr>
<tr><td colspan="2" rowspan="2">情熱・活発性・忍耐力・規律性・積極性・協調性・勇気・ストレス耐性・謙虚さ・好奇心</td><td colspan="2">・基本的定型業務＋周辺業務</td></tr>
<tr><td colspan="2">・基本的定型的業務</td></tr>
</table>

人間的な成長

<table>
<tr><td></td><td></td><td colspan="3">あり方</td></tr>
<tr><td></td><td></td><td colspan="3">幹を支え、土壌にしっかりと広がった「根」</td></tr>
<tr><td></td><td></td><td>意識・価値観</td><td colspan="2">視　座</td></tr>
<tr><td>6
等級</td><td rowspan="8">それぞれの立場・等級に応じたクレドに基づいた行動</td><td rowspan="2">・利他的行動
・新たな世界への挑戦
・地域・社会貢献</td><td rowspan="2">広く社会</td><td>社会全体、グローバルな視点および過去からの大きな流れを踏まえて、未来志向で行動する。</td></tr>
<tr><td>5
等級</td><td>地域や業界全体の中での自社を捉え、中長期的視点で行動する。</td></tr>
<tr><td>4
等級</td><td rowspan="2">・組織全体への貢献
・組織内での役割の確立と自律</td><td rowspan="2">周囲全体</td><td>社外の動向も踏まえ、会社全体および中期的視点を持ち、行動する。</td></tr>
<tr><td>3
等級</td><td>チーム全体（中規模レベル）および事業年度（1年）の視点をもって行動する。</td></tr>
<tr><td>2
等級</td><td rowspan="2">・成長・組織への帰属
・目標への達成と承認</td><td rowspan="2">自分と相手</td><td>担当と周辺業務において、年間の流れを理解し、その達成のために行動する。</td></tr>
<tr><td>1
等級</td><td>自らの担当業務において短期目標を設定し、その達成のために関係する周囲と連携しつつ、行動する。</td></tr>
<tr><td>E-2</td><td rowspan="2">・基本的権利と契約に基づいた行動
・役割への順応</td><td rowspan="2">自分</td><td rowspan="2">指示された業務をしっかりと把握し、その業務の意味を理解する。</td></tr>
<tr><td>E-1</td></tr>
</table>

次に、日本型経営といわれた年功序列型賃金では、「知識・能力・経験」（「木」の絵の「幹」）を重視してきたといえます。組織への帰属意識を高め、さまざまな経験とジョブローテーションなどから得た知識をしっかりと発揮できる人物が成果を残し、組織内も動かすことができて、等級を上げることができました。しかし、グローバル化が進み、過去の成功体験があまり意味を持たないほどに時代の変化が激しい現在では、「知識・能力・経験」のみを重視していては正しい評価はできません。今は成果が出ていても、1年後には成果が出なくなってしまう可能性が高いからです。すでに多くの企業が日本型の終身雇用、年功序列型人事を放棄していることからもわかるとおり、あまりに「知識・能力・経験」に重きを置きすぎる等級基準もこれからの時代に合っているとは言えないのです。

このように、「役割・成果」「知識・能力・経験」という視点を残しつつも、コミュニティ型組織においては「あり方」という視点をより重視していかなければなりません。この複雑な社会において、組織にとって重要な役割を担い、組織が真に求める成果を出すためには、本質的で柔軟な能力と知識が必要です。それを見極めるためには、その人物がどのような意識や視座で仕事をしているか、もっといえば、どのような生き方をしているかというところまで見極める必要があるのです。企業の等級基準にこのような抽象的なものさしを組み込むことに抵抗がある方もいるかもしれません。しかし、企業は硬直的で機械的な組織マネジメントから、まるで生命体のような多様で柔軟に対応できる組織に変化していかなければなりません。そのためには社員一人ひとりの視座を高め、しっかりと自律した考えを持つ社員を増やしたうえで、その一人ひとりの個性が活かされる場を作っていくことが必要なのです。社員が安心して幸せを感じながら働ける場になるためには、その個性が周囲に理解され、活かされている状態にならなければなりません。一人ひとりが「自分」のことしか考えていない状態の職場ではそのような状態には絶対にならないのです。視座で言えば「自分」⇩「自分と相手」⇩「周囲全体」⇩「広く社会」という段階を経て、多くの社員が、より広い視座を持つようになって、はじめて多様で柔軟で安心な職場となるのです。そして、そのような職場がこれからの時代に地域や社会から求められ続けることになるでしょう。

ここで述べている「あり方」については、経営者や会社役員であれば、これまでも多かれ少なかれ意識をしていたことではないでしょうか。しかし、これからの時代は早い段階から社員にもこのことを意識してもらい、さまざまな経験・対話・内省を通して高めていってもらう必要があるのです。コミュニティ型組織では、この「あり方」がとても重要になってくるのです。もちろん、コミュニティ型組織は、権限も分散され、一人ひとりの社員が自分で意思決定できることを理想としますが、組織全体のグランドデザインをして、全体をひっぱっていくリーダーは必要です。そのようなリーダーになるためには、一定の経験から得られる高い視座と自己を超えて広く社会を意識した考えをベースにしたあり方が求められるのです。

3. 人事評価を反映させない賃金テーブル

人事評価の反映先としては、配置転換や育成教育などもありますが、昇格、昇給、賞与という3つが最も大きなものです。このうち、一般的には賞与はその期（6カ月や1年）の利益を個人の貢献に応じて分配するものです。昇格は、本人の根幹的な意識（あり方）、能力や経験値が高まり、よりレベルの高い役割を担えるようになった際に行われます。そして、昇給は年功や勤続年数に応じる要素もありますが、多くの会社では本人の能力アップに対して行われています。

よって、もっとも一般的な昇給方法は、1年に一度、その年度の年間総合評価に応じて賃金テーブルをアップさせる方法です。より良い評価を得た者が多く昇給し、そうでないものは抑えられるという仕組みをとっています。しかし、コミュニティ型組織においては、多様な役割が混在しており、1年程度の期間において昇給額に差をつける評価の合理的説明は簡単ではありません。手間も時間もかかり、社員からの納得も得られにくいであろう「昇給にかかわる評価」は、コミュニティ型組織ではあまりなじまないでしょう。

そのような考え方に立った場合、もっともシンプルな賃金制度は、一つの等級に一つの給与額を設定する、いわゆるシングルレートの賃金です。

例えば、

1等級	2等級	3等級
20万円	25万円	30万円

といった形です。

同じレベルの同じ仕事をしており、期待される成果も同じであれば、皆同じ給与を支払うという、いわゆるジョブ型雇用の考え方にそった仕組みです。成果に違いが生じた場合は賞与や歩合給で反映させることはできますが、基本的には昇格しない限り同じ給与が続くことになります。

ただ、これでは若い時代でも給与があがらない時期が一定期間続くことになり、社員の離職や生活の不安を招いてしまう懸念があります。現実的にはこのような制度をとっている会社は日本にはまだ少なく、定期昇給というインセンティブはあったほうがいいように思われます。そこで、入社後一定の期間には、評価などには関係なく昇給する「年齢給」や「勤続給」を取り入れることを検討すべきでしょう。年功賃金である「年齢給」は、古い日本型賃金の象徴のようにネガティブに捉えられがちですが、これから今以上に転職が一般化することが予想される中、一定年齢までは年齢に応じて給与を決定する「年齢給」は、意外にシンプルで合理的だと言えます。一方で、その企業での経験のみを反映し、他社での経験を反映しない「勤続給」は、（中途入社にみなし勤続給をつけるなどの工夫もできますが）やや運用が難しくなってくるでしょう。

基本給＝年齢給＋役割給

役割給表								
等級	E-1	E-2	1	2	3	4	5	6
標準滞留年数	3	3	3	4	4	5	5	—
昇格昇給	—	5,000	6,000	10,000	15,000	20,000	25,000	30,000
ピッチ	1,500	1,800	2,100	2,500	3,000	4,000	5,000	5,000
1	50,000	58,000	67,600	81,800	104,300	133,300	174,300	224,300
2	51,500	59,800	69,700	84,300	107,300	137,300	179,300	229,300
3	53,000	61,600	71,800	86,800	110,300	141,300	184,300	234,300
4	53,750	62,500	72,850	89,300	113,300	145,300	189,300	239,300
5	54,500	63,400	73,900	90,550	114,800	149,300	194,300	244,300
6	55,250	64,300	74,950	91,800	116,300	151,300	196,800	246,800
7				93,050	117,800	153,300	199,300	249,300
8				94,300	119,300	155,300	201,800	251,800
9						157,300	204,300	254,300
10						159,300	206,800	256,800

※E－1、E－2はエントリーレベル

年齢給表 毎年4月1日現在の年齢		
年齢	年齢給	ピッチ
18歳	150,000	2,000
19歳	152,000	2,000
20歳	154,000	3,000
21歳	157,000	3,000
22歳	160,000	3,000
23歳	163,000	3,000
24歳	166,000	3,000
25歳	169,000	3,000
26歳	172,000	3,000
27歳	175,000	3,000
28歳	178,000	3,000
29歳	181,000	3,000
30歳	184,000	2,000
31歳	186,000	2,000
32歳	188,000	2,000
33歳	190,000	2,000
34歳	192,000	2,000
35歳	194,000	2,000
36歳	196,000	2,000
37歳	198,000	2,000
38歳以上	200,000	2,000

コミュニティ型組織では、

基本給＝年齢給＋役割給

という形をとり、評価による役割給の昇給は行わないという手法がなじむと考えられます。

基本給の昇給は年齢給のみで、役割給はシングルレートという考え方は合理的です。一方で「等級があがったら、新しい経験やチャレンジがあり、それに応じた成長がある」という考え方もできます。そのため、昇格後一定期間のみ、役割給も昇給するという制度を運用することも合理的です。

例えば1等級までは、昇格後3年間は昇給があり、その後3年間は50％昇給で、その後はストップといった設定をします。これは、「昇格したら、その等級における新しい経験や身に着ける能力に応じて、同じ役割であっても対応できるレベルがあるので6年程度は昇給する。その期間にさらに上の役割を目指す方は目指してほしい」というメッセージになります。優秀で常に会社が設定した滞留期間内で上位等級に昇格する方はずっと昇給し続けることになり、離職防止にも一定の効果があるでしょう。

4．メンバー全員で決定する評価システム

コミュニティ型組織では、一人ひとりの社員が自律して仕事をしており、それぞれの能力と特色を活かして組織に貢献をしています。このような組織運営においては、自分の報酬を皆の話し合いによって自分たちで決定するという仕組みが徐々にみられるようになってきています。

しかし、コミュニティ型へ移行しつつある組織において全面的にそのようなことができるケースはかなり少ないでしょう。いきなり基本給などの生活の基盤となる部分にまでこのような方法をとりいれてしまうと混乱が生じてしまいます。ただ「今期の利益の分配である賞与」に関しては、全社員が参加して賞与の分配を行うことは可能ですし、実践している会社も増えています。

上司に一方的に決められる評価よりも、「関わったすべてのメンバーが集まって話し合い、自分の評価や賞与を決定する」ことの方が、納得感が高いのは言うまでもありません。ただ、そのような全

員での評価をするためには、できる限り情報がオープンになっており、誰がどのようなことをしているのかが見える職場になっていないといけません。幸い、テクノロジーの発達により、気軽にウェブ会議などができるようになりましたし、欠席したウェブ会議を後日録画で見るということも容易にできます。また、スケジュール管理やプロジェクト管理ツールも安価で導入できるようになりました。特に中小企業においては、一人ひとりが多様な仕事やプロジェクトに携わっており、チームメンバーの仕事を正確に把握することの重要性は増してきています。評価のためというだけでなく、組織運営と社員の関係性の質を高めるためにも情報のオープン化とリアルタイム共有は必須でしょう。

一つの具体的手法をご紹介しましょう。

以下の図のような流れで、6カ月（もしくは3カ月）に1回、チーム内において、今期の振り返りをかねて貢献度を話し合い、評価を決定する会議を実施します。

全員参加型評価会議の流れ

STEP 1　自己申告シートの記入

全員が今期の自分の業務についての自己申告シートを記入。

STEP 2　チームミーティング　＊動画撮影

チームでWebミーティングを行い、それぞれの自己申告内容を発表。その際、ミーティングは録画する。

STEP 3　チームミーティングの動画を公開

各チームミーティング動画を社内でアップ。
評価会議に参加するメンバーは原則その動画を見てから参加する。

STEP 4　評価会議の開催

コミュニティ型社員が参加。
その他の社員は希望者はオブザーバー参加が可能。

半期評価の決定（SS・S・A・B）

① 自己申告シートの記入

まず、全社員が今期の自分の仕事について自己申告シートを記入し、チームミーティングメンバーに事前に共有しておきます。なお、チームミーティングについては、原則的に希望すれば誰でも参加できるようにしておくべきです。A部門のミーティングであっても、それに深く関わっているB部門のメンバーが参加したいなら、参加すべきです。チームリーダーはそのようなメンバーには声をかけて参加してもらうように促すべきでしょう。またこのミーティングは部門別に限らず、プロ

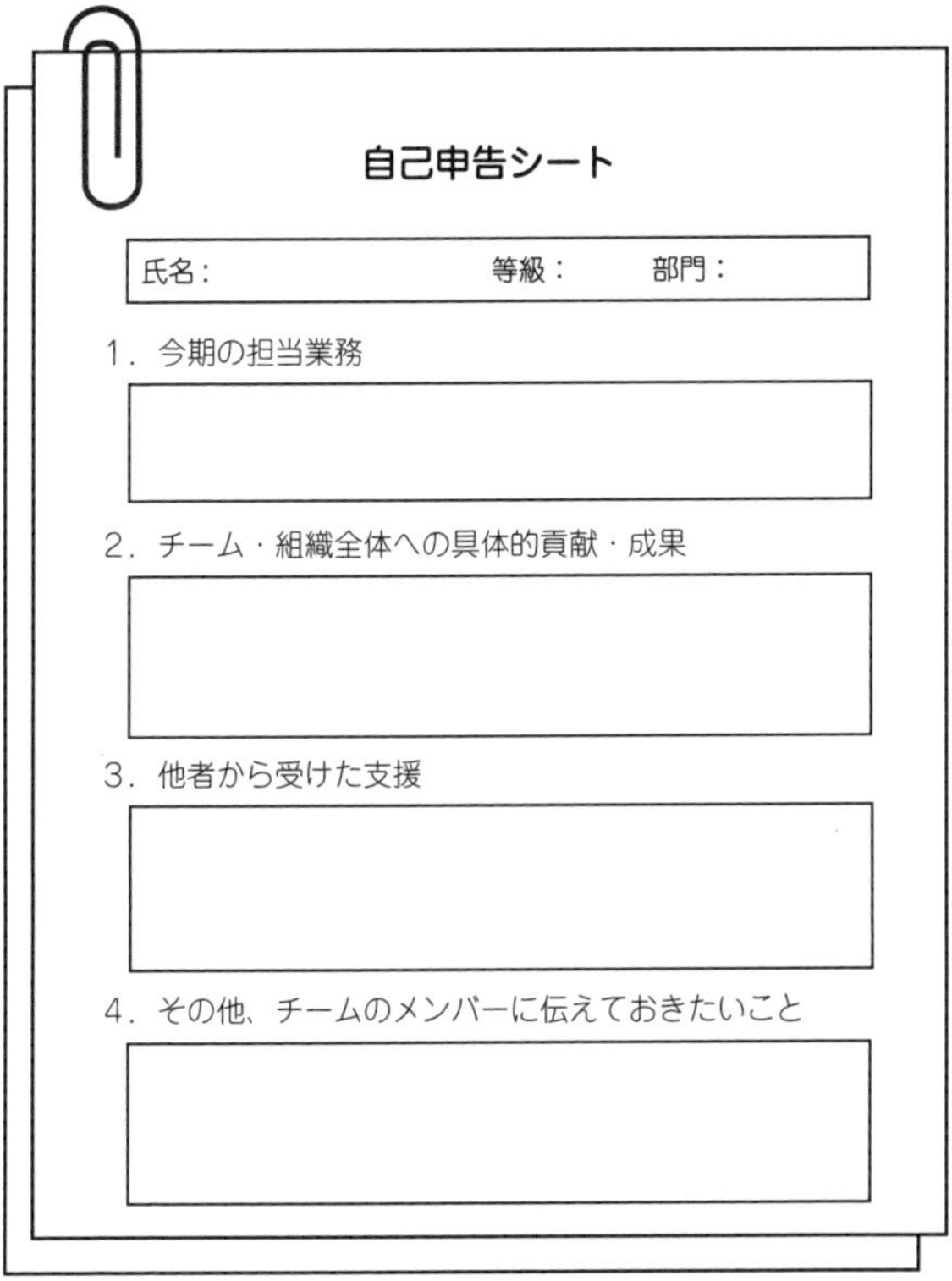

ジェクト別など、必要に応じて柔軟に実施されるべきです。

②　チームミーティング

チームミーティングは、リアルに集まっても良いのですが、より参加しやすくするため、また、内容を録画して社内に後で公表するためにＺｏｏｍなどのウェブ会議システムを利用して行うのがいいでしょう。

会議は、まずリーダーが今期のチームとしての結果を発表することから始めます。これは具体的な数字など、できるだけ客観的事実を述べるようにし、リーダー自身の主観的な評価（例えば、●●さんが特にがんばってくれたなど）はこの時点では話さないようにします。

次にメンバー全員（リーダーも含めて）が準備していた１～４の内容を発表します。

１．今期の担当業務 ２．チーム・組織全体への具体的貢献・成果 ３．他者から受けた支援 ４．その他、チームのメンバーに伝えておきたいこと

特に時間を割いて話してもらいたい内容は２です。話全体の９割以上をこれに割いても良いでしょ

う。周囲のメンバーは、できるだけ口を挟まずに発表者の話を聞くようにします。一人のメンバーが話し終えると、残りのメンバーは発表者に対してフィードバックを行います。これを参加者すべてで行います。時間の目安は一人10分程度です。

全員が終わると、あらためて全体で対話を行い、特に今期貢献が大きかった人、成長がみられた人などについて話し合うようにします。この段階であえて順位などを付ける必要はありません。なお、貢献については本人の等級や役割を把握したうえで話を進めるようにします。当然のことですが、4等級の人と1等級の人とでは、求められる役割は違ってくるからです。

③　チームミーティングの動画公開

チームミーティングが終わると、その内容は基本的に編集することなく社内で共有します。次の評価会議に参加するメンバーは、原則的にこの動画をすべて見るようにします。これがかなり負担にはなりますが、1年や6カ月に一度のことなので、全メンバーが何をしているか、ある程度把握したうえで、評価が最終的に決定される会議に参加すべきです。

④　評価会議

コミュニティ型社員が全員参加して「評価会議」を開催します。これは、できればリアルに集まっての会議がいいでしょう。なお、この会議には可能な限り、希望者であれば誰でも参加できるようなオープンなものにすべきです。ただし、最終決定権があるのはコミュニティ型の社員とし、ジョブ型やエントリー社員はオブザーバーとしての参加とします。この「誰が評価を決定するのか」という点は議論のあるところだと思います。ただ、コミュニティ型社員は「会社の意思決定をする」立場にあります。評価においても最終的な意思決定をすべきであると言えます。

最終的な評価をどのような基準で定めるかは会社の考え方によります。基本的には以下のように減点をすることなく、加点評価とすべきです。全員でオープンな話し合いのなかで一部の人に低い評価を下すことが現実的には難しいということもあります。また多様な職種の中での減点評価基準の設定も困難でしょう。あまりにも貢献度が低い社員については、組織として経営陣との個別面談や等級の変更などで対応していくべきです。なお、能力の問題でなく、欠勤や職務放棄、懲戒等、明らかにB評価にできない場合は、Z評価など、例外的評価とします。

最終評価の基準

評価	割合目安	選出基準（組織への総合的貢献度）
SS	5％	期待・想定を超えるレベルの大きなパフォーマンスを発揮し、極めて大きな貢献があった。
S	10％	期待される役割を超えて活躍し、SSに準ずる大きな貢献があった。
A	25％	期待される役割を全うし、さらに付加的に幅広い貢献があった。
B	60％	ほぼ期待どおりの貢献だった。あるいは、期待どおりの貢献ができていなかった。

これらの評価は、今期の賞与の分配に反映をさせます。また、この半期ごとの評価は昇格、あるいは降格の大きな判断材料となります。本来は、「昇格・降格」もこの評価会議においてコミュニティ型社員で決定すべきでしょう。ただ、公開の場でそこまで行うのが難しいという段階では、この評価会議での議論をもとに昇格推薦者等を抽出し、その後役員会で決定するというプロセスも良いと思います。

5．賞与の決定方法

賞与の支給については法的な定めはなく、その支給の有無や支給基準などはすべて会社が決定することができます。ただ、これまでの慣例で夏と冬の賞与は賃金の後払い、別払い的な意味や功労金的意味合いなどを含めて、ある程度安定的に支給している会社が今でもやはり多いです。この支給慣例をいきなりやめてしまうのは労働条件の不利益変更になりますし、このような賞与の支給方法はある程度雇用の安定的維持のためには効果があります。

ただ、半年程度の短期間での個別評価が難しくなりつつあり、逆に半年程度の評価で賞与が下がることがあるとなると、社員が思い切ったチャレンジができなくなるといった弊害もあるでしょう。既存のやり方とは違った柔軟なチャレンジがより求められるであろう時代に、このような意識がはたらくことは避けなければなりません。夏と冬の賞与については、会社もしくは部門などの業績にのみ連動するようにし、個人の評価が反映されないという制度がなじむ会社が増えてきていると思われます。つまり、夏1.5カ月、冬2カ月、といった基本的な賞与支給額をベースに年間人件費予算をとっておき、業績によって一律でその月数のみ変動があるという制度です。賞与基礎額は「基本給＋役職手当」などとし、会社での本人の等級や役職、役割に連動するようにします。等級や役職は、その社員の基本的な会社への貢献度によって決定されているわけなので、中長期的な評価が賞与に反映されていると言えます。

一方で、決算賞与については、今期の利益の分配という意味合いが強くありますから、今期の会社への貢献が反映されて分配されるべきです。ここで、決算賞与も基本給などといった賞与基礎額をベースにすべきかどうかという点が問題になります。基本給などを基礎額としてしまうと、どうしても等級が高く、もともと給与の高い社員に多く分配されることになります。先ほど見たように、月額給与と夏冬賞与で、普段からの役割に応じた給与はすでに支払っている場合が多いでしょう。中途入社なども増えてきており、また新卒社員でもいきなり活躍できるケースも珍しくなくなってきました。よって決算賞与については基本給や役職との連動は限定的にして、フラットにその期に活躍、貢献した社員に多く分配すべきではないでしょうか。若い社員の貢献に光を当て、モチベーションアップにつなげることもできます。

決算賞与を支給する場合、賞与原資の分配をわかりやすくシンプルに行うには、次のようなポイント式とするとよいでしょう。

① 評価は加点評価のみとする

先ほどご紹介したように、今期の評価についてはできるだけオープンな場で貢献度をさまざまな角度から検討し、加点評価のみ行うべきです。多様な働き方が行われている組織の中で、短期的に正確な評価をすることは難しく、さらにマイナス評価をすることによりチャレンジ精神が失われてしまいます。

② 付与するポイントを決定する

まず、ベースとなるポイントをどのように付与するか決定します。全く等級などを考慮しないというやり方もあるでしょうし、役職やその年度のプロジェクト参加などによってポイント付与することも考えられます。下図では、等級、役職ごとに一定のポイントを付与する手法の例です。

決算賞与の算出式（例）

（

等級	等級ポイント
6	50
5	40
4	35
3	30
2	25
1	20
E2	10
E1	5

＋

役職	役職ポイント
部長	50
次長	40
課長	35
リーダー	20
サブリーダー	10

）×

評価	評価係数
SS	2.0
S	1.5
A	1.2
B	1.0

× 今期のポイント単価

今期のポイント単価 ＝ 今期の決算賞与原資 ／ 全社員の総獲得P

※ベースとなるポイント

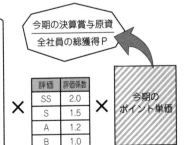

決算賞与　分配のイメージ

	氏名	等級	役職	等級P	役職P	評価	評価係数	獲得ポイント	ポイント単価	賞与金額
1	●● ●●	E2		10	0	B	1.0	10	8,207	¥82,068
2	●● ●●	E2		10	0	A	1.2	12	8,207	¥98,482
3	●● ●●	1		20	0	B	1.0	20	8,207	¥164,136
4	●● ●●	3	サブリーダー	30	10	SS	2.0	80	8,207	¥656,545
5	●● ●●	1		20	0	B	1.0	20	8,207	¥164,136
6	●● ●●	1		20	0	B	1.0	20	8,207	¥164,136
7	●● ●●	1		20	0	B	1.0	20	8,207	¥164,136
8	●● ●●	1		20	0	A	1.2	24	8,207	¥196,963
9	●● ●●	1		20	0	A	1.2	24	8,207	¥196,963
10	●● ●●	1		20	0	S	1.5	30	8,207	¥246,204
11	●● ●●	3	サブリーダー	30	10	B	1.0	40	8,207	¥328,272
12	●● ●●	3	サブリーダー	30	10	B	1.0	40	8,207	¥328,272
13	●● ●●	1		20	0	B	1.0	20	8,207	¥164,136
14	●● ●●	3	サブリーダー	30	10	A	1.2	48	8,207	¥393,927
15	●● ●●	2		25	0	B	1.0	25	8,207	¥205,170
16	●● ●●	2		25	0	B	1.0	25	8,207	¥205,170
17	●● ●●	5	課長	40	35	B	1.0	75	8,207	¥615,511
18	●● ●●	6	部長	50	50	B	1.0	100	8,207	¥820,681
19	●● ●●	2		25	0	A	1.2	30	8,207	¥246,204
20	●● ●●	5	次長	40	40	B	1.0	80	8,207	¥656,545
21	●● ●●	2		25	0	S	1.5	37.5	8,207	¥307,755
22	●● ●●	3		30	0	B	1.0	30	8,207	¥246,204
23	●● ●●	4	課長	35	35	B	1.0	70	8,207	¥574,477
24	●● ●●	4	リーダー	35	20	A	1.2	66	8,207	¥541,650
25	●● ●●	1		20	0	B	1.0	20	8,207	¥164,136
26	●● ●●	5	次長	40	40	S	1.5	120	8,207	¥984,817
27	●● ●●	3	サブリーダー	30	10	B	1.0	40	8,207	¥328,272
28	●● ●●	4	リーダー	35	20	A	1.2	66	8,207	¥541,650
29	●● ●●	1		20	0	B	1.0	20	8,207	¥164,136
30	●● ●●	E1		5	0	A	1.2	6	8,207	¥49,241
				賞与原資	¥10,000,000		合計P	1218.5		¥10,000,000
							P単価	8,207		

*賞与原資を1000万として30人に分配

③　評価に応じてかける評価係数を決定する

②でベースとなるポイントが決定したら、評価に応じて掛ける係数を決定します。この係数の幅が広ければ広いほど、評価に応じて分配される賞与額により差がつくことになります。この係数をどのように決定するかは、社風や会社の考え方によりさまざまでしょう。また、個人評価だけでなく、「部門共通の部門評価係数」をかけるというやり方もあります。

④　原資を決めて「ポイント単価」が決定する

ベースのポイントに評価係数をかけると個人の獲得ポイントが決定します。その獲得にポイント単価をかけたものが決算賞与額となります。

ポイント単価は、「今期の決算賞与原資÷全社員の総獲得ポイント」で算出します。つまり、ポイント単価をかけることで、今期の賞与原資額が割り振られるようになるのです。

給与の公開は難しくても、決算賞与の公開なら社内でできるという会社は一定数あるのではないでしょうか。コミュニティ型組織では情報の公開はできるだけすることが基本です。もちろん人事に関することを公開することは簡単ではないですが、前記のような仕組みをつくり、評価も皆が参加して決定するのであれば、公開することも検討すべきでしょう。

6. 昇格の手法

先ほども述べたとおり、等級基準は人事制度の基本となるものです。等級が上がることを「昇格」といいます。等級昇格すると、当然その役割や責任は重いものになり、権限も増します。また賃金や賞与といった待遇もアップします。組織の幹部に近づいていくことを意味するので、会社としての昇格のプロセスはしっかりと作っておく必要があります。

昇格は次の三つのステップで決定します。

等級別　昇格の手順

等級	具体的要件 ①候補者の選定 現等級で高い評価を（複数回）取得し、現状の役割を十分に全うできている者を抽出する。	②選考 上位にふさわしいあり方で仕事ができる。上位等級の役割を全うする能力と意思があるかを確認する。	③決定（承認） ②の選考結果を経て、総合的に上位等級に該当するかどうかを判断する。
5等級以上への昇格 役員への登用	・直近3回の職務評価が平均B＋以上かつA評価以上が1回以上 ・担当取締役の推薦もしくは人事部推薦 ・過去2年間に懲戒処分がないこと	・役員会でのプレゼンテーション	取締役会での承認
2等級⇨3等級 管理職への昇格	・直近3回の職務評価が平均B＋以上かつA評価以上が1回以上 ・直属上司の推薦もしくは人事部推薦 ・過去2年間に懲戒処分がないこと	・昇格テスト（一般常識・業界問題） ・レポートの提出 ・担当役員面談	
エントリー⇨1等級 1等級⇨2等級	・直近2回の職務評価が平均B＋以上 ・直属上司の推薦もしくは人事部推薦 ・現状等級勤務3年以上 ・過去1年間に懲戒処分がないこと	・レポートの提出 ・部門長面談	担当取締役の承認
エントリー内での昇格	・直近2回の職務評価が平均B以上 ・直属上司の推薦 ・現状等級2年以上 ・過去1年間に懲戒処分がないこと	・直属上司（課長級）との面談	

①　候補者の選定

まず、昇格候補者を全社員の中から抽出します。この段階で、よく「上司の推薦」だけにたよっている会社がありますが、それだけでは良くありません。昇格となると、上司としても、どうしてもその年度に目立った業績を上げている部下や自分に近い部下を推薦しがちになります。一方で、地味ですが着実に実力をつけて組織に貢献してくれている社員もいるはずです。そのような社員もしっかりと昇格候補者になれるように、客観的な基準（たとえば直近3回の評価など）を設け、それに合致していることを前提に、上司もしくは人事部が推薦する、などとすべきでしょう。

推薦には客観的な理由が必要です。なぜその部下を推薦するのか、「昇格推薦書」（次ページ参照）にまとめて人事部に提出してもらいます。昇格の基準は、一般的に等級基準で設定された「役割・期待される成果」が十分出せているか、果たせているか。そして、上位等級の職務にも対応できる「知識・能力・経験」がそなわっているか、という点で判断されます。

ただし、コミュニティ型組織の人事制度では、「等級基準」でみたように「あり方」を重視しなければなりません。その人物がどのような意識や視座で仕事をしているか、もっといえば、どのような生き方をしているかまで見極める必要があります。自分たちの組織（＝コミュニティ）において、影響力のある立場になるには、この点が一番重要になるのです。

昇格推薦書（　　年　　月）

被評価者：	所属：	役職：	職務等級：	入社年月日：　／　／	上司（記入者）

過去３回の半期評価（人事部記入）

	所属部署	評価
前々期		
前期		
直近		

昇格に関する記述（推薦の可否とその理由など）

□ 強く推薦する　　□ 推薦する　　□ 推薦しない

１次考課者による報告　※必要に応じて本人と面談を行い記入してください

業務遂行について

① この１年間、職務遂行能力の向上度合はどうですか？
ア．著しく伸びている　イ．順調に伸びている　ウ．同じ水準を保っている
エ．あまり伸びていない　オ．後退が見られる

② 現在の職務や職場に対して、適性はどうですか？
ア．きわめてよく適している　イ．よく適している　ウ．大体において適している
エ．適性のない部分が多く見られる　オ．適性がない

特記事項

「あり方」について

① 本人は、昇格を希望しているか
ア．強く希望していると思われる　イ．希望していると思われる
ウ．どちらでもない。意識をしていない　エ．希望していない
オ．その他（　　　　　　　　　　）

② 意識や価値観について
ア．上位等級基準に十分該当する　イ．上位等級基準に該当する
ウ．現時点では上位等級に該当しないが、その要素がある
エ．その他（　　　　　　　　　　）

③ 視座について
ア．上位等級基準に十分該当する　イ．上位等級基準に該当する
ウ．現時点では上位等級に該当しないが、その要素がある
エ．（　　　　　　　　　　）

健康・教育について

① 健康状態はどのように感じていますか？
ア．非常に良好である　イ．良好である　ウ．あまり良好でない
エ．良好でない　オ．病気療養中である

特記事項

② 本人をさらに伸ばすために、今後どのような指導を行うべきですか？
また、参加させたい研修などがあれば書いてください。

その他

②　選　考

次に選考にはいります。選考方法はさまざまな手法がありますが、上位等級の職務をまかせても大丈夫なのか、能力、意志、考え方、そして視座の高さなども確認するものとすべきでしょう。具体的には

- 記述試験の実施
- 面談やプレゼンテーション
- グループ討議などの人材アセスメント
- レポートの提出
- 外部試験の受験や資格の取得

などがあります。

記述試験については、一般常識試験、業界試験、社内試験（社内のルールや理念、社内業務知識など）があります。

選考の方法は、どのレベルの昇格かによって当然変わってきます。特に重要なのが、管理職に登用されるタイミングでの選考でしょう。管理職になるということは、経営の一翼を担い、経営者と一体となって行動することが求められます。業務知識はもとより、会社の方向性や風土、理念などをしっ

かりと理解し、そして先ほど述べたように「あり方」がしっかりとしているかを見極めなければなりません。一方で、初級段階での昇格はあまり慎重にはなりすぎず、やる気のある若手に積極的にチャンスを与えるという姿勢で行っても良いでしょう。

この選考の段階で、昇格が妥当かどうか、ほぼ確定をさせます。

③ 決定（承認）

選考により昇格させるかどうかをほぼ確定させた後、最終的な経営判断としての承認を行います。管理職以上の承認については取締役会で行うべきでしょう。それ以下については、各部や各部門長にまかせてもよいでしょう。

第５章　多様な働き方のルール

1.「働き方改革」にどう取り組むか

働き方改革は「働く人が置かれた個々の事情に応じて、多様な働き方が選択できる社会を実現し、働く方一人ひとりがより良い将来の展望を持てるようになること」を目指しています。今までのような画一的な法改正ではなく、「グローバル化の中で多様な働き方をする人も増えてきている中で、実際にいろいろな働き方ができるよう後押しをしていきましょう」という趣旨での法改正が始まっています。

具体的には次の５点がポイントになります。

■ポイント① 時間管理

時間管理が非常に厳格化されました。労働者に対して今までも当然、時間管理は必要でした。しかし現在では、裁量労働制が適用される人や管理監督者を含めしっかりと労働時間管理を行うことが義務付けられています。労働時間を厳格に管理することで、賃金の未払いなどのトラブルをなくすとともに、後述の長時間労働などを改善することを目的にしています。

■ポイント② 長時間労働の抑制

二番目としては、先述した時間管理をするとともに、長時間労働をしっかりと抑制していくことです。いわゆる36（サブロク）協定の上限が、法律で明文化されました。もちろん以前から「残業時間は上限で月に45時間までですよ」という制限はありましたが、行政の指導で行っていたので、法的な強制力がありませんでした。しかし新36協定では「時間外労働の上限は月に45時間」、かつ「特別条項付き協定を結んだとしても、時間外労働と休日労働の合計が1カ月で100時間未満」に変更され、法的拘束力がつきました。明確に長時間労働を抑制していくルールができたことは大きな改正です。

■ポイント③ 健康への配慮

三つ目ですが「働く人の健康に配慮する法律」もいろいろと制定されています。長時間労働の制限のほかに、衛生委員会の厳格な運用や、産業医と密に連携し合って、働く人の健康を守ることがより強く義務付けられました。

■ポイント④　多様な働き方

多様な働き方を推進することは、今回の働き方改革のメイン部分に当たります。フレックスタイム制の拡大（フレックスタイムの清算時間が1カ月から3カ月へ延長されました）や、高度専門職の人が「高度プロフェッショナル制度」に該当し、自己の裁量により働くことができる仕組みも新たに導入されました。

■ポイント⑤　同一労働同一賃金

多様な働き方をするようになった中でも、特に非正規労働者の方々が差別されることが起きないよう、同一労働同一賃金が制定されました。同一労働同一賃金は後に改めて説明しますが、簡単に言えば「同じような働き方をしている人々に不当な給料・待遇の格差が生まれないように、給料・待遇を決めていきましょう」という制度です。このように、働き方改革に合わせた法律の新設・改正は進んでいます。

このような働き方改革もある中で、コミュニティ型組織はどのようにして就業規則をはじめ、いろんな社内ルールの制定に取り組んでいったらいいでしょうか。

国がうちだしている働き方改革では、過労死などが頻発した反省から「過重労働」や「健康への配慮」に関してより厳しいルールが設けられました。ピラミッド型組織においては、行き過ぎた命令や強制的な労働にならないために、このようなルールを厳格にして運用していくことは重要です。一方で、ここまでみてきたようにこれからは「コミュニティ型組織」の時代になっていきます。コミュニティ型組織においては、働く一人ひとりが自律し、つながりを大切にしながら自らの意思でさまざまなことを決めながら働いていくことになります。これからは、規則やルールなどは極力少ないほうが、できればないほうがより良いコミュニティ型組織としてより活性化していく可能性があります。組織に必要なのは、具体的なルールではなく、メンバー皆で作り上げてきた文化であり、それを守るために皆が当然のように認識している掟のようなもの、言い換えれば第2章でご紹介している「クレド」なのです。

会社の魅力はその会社しか持ちえない文化の形にあります。その形は対話を通してメンバー皆の生活やそこから生まれる仕事観から形づくられていきます。そしてそれは決して定まった規定ではなく絶えず周りに影響を受けながら変わっていきます。コミュニティ型組織におけるルールは、絶対的な規定や法律とは違い、職場の皆の働きやすさや幸福感に基づいて変化することを前提に対話の中で作られていくべきなのです。

自律分散的な組織運営をしている会社のルールづくりにはある共通点があるように思われます。それは、ルールを作る際にやり方をより具体的に決めたマニュアル的、契約書的なものを作るのではなく、その制度の趣旨やガイドラインだけを決めて定着させていくということです。「これだけはやってはいけないが、それを守ってもらえればその他は一人ひとりの判断で自由にやってもらっていい」といった決め方です。

コロナ禍で在宅勤務をせざるを得なくなった会社も多くありました。ほとんどの会社がルールもないままに在宅勤務をスタートさせました。その中でトラブルが起こる会社と、わりとうまく運用する会社がありました。うまく運用できた会社は、最初に基本的なルールを作ったうえで運用しながらコミュニケーションをとり、制度を少しずつ使いやすいものに変えていくということを行っていました。

多様な働き方が普通になり、また、その働き方も次々に変化していくこれからの時代のルールづくりは、これまでとは全く違ったものとなっていくでしょう。コミュニティ型組織に変容していくためには、もちろん法令は遵守したうえですが、このような考え方に基づいてのルールづくりが大切です。

具体的には以下の3点を抑えておくべきです。

その❶　選択肢を増やす

多様な働き方に対応できるためには、いろいろな選択肢を増やすためのルールが必要です。「テレワークできます」「時短勤務もできますよ」「副業もやっていいですよ」と、さまざまな働き方の推進ができる社内ルールを作っていくべきです。

「ルールを作る」ことは決して、ルールで働く人をがんじがらめにすることではありません。全くその逆で、先述したように「ルールを作る」ことはより多様で、そして働く方々の選択肢を増やすために必要です。あまりにマニュアル的に細かい点まで定めたルールよりは、制度の概要や考え方、基本的な運用方法などを定めるにとどめておいたほうがいいでしょう。法律に触れてはいけませんが、運用時にそれぞれが判断し、うまく活用できる、または対話により決定できる「間《ま》」をあえて残しておくのです。その上で

- トラブルや問題が生じた際の解決方法
- これだけは絶対にやってはいけない禁止事項
- ルール変更の手続き

なども盛り込んでおくとよいでしょう。

その❷　ルールにも趣旨、目的が重要

ルールを制定する前には、ルール自体の趣旨や目的をしっかり考えておく必要があります。当たり前のことですが、「流行だからやってみよう」というように、漠然とした理由でルールを制定することは避けましょう。「何を実現したいのか？」「どういうメッセージ性があるのか？」という意思を、ルールに込めて制定しなければいけません。

新型コロナウイルスが流行する前の話ですが、当時ある会社から「テレワークを導入する」という話が出てきました。その会社がテレワークを導入する動機は「あくまでも会社の生産性アップが第一。それを図りつつ社員の働きやすさも目指していく」ということでした。しかし結果としては、社員の働く幅は広がりましたが、一部の社員に業務が集中したことで生産性は落ちてしまったのです。一部の社員には好評であったとしても、会社は「生産性を上げましょう」という趣旨で実施しているので、テレワークで生産性が下がってしまうことが起きてはいけません。このケースでは改めて趣旨を社員に周知して、一部ルールを変更してテレワークを継続しました。

その❸　フレキシブルに対応

「常にルールは変わるものだ」という前提で、フレキシブルに対応できるようにしておくことは重要です。とはいえ労働条件に関わることなので、ルールを一度制定してしまうと、そこから不利益変

更するには労働者の個別同意が必要になってしまいます。対策としては、以下の流れでテスト導入してみることを推奨します。

1. 最初からテスト導入としてルールを制定する
2. テスト導入して様子を見る期間を設ける
3. 一定の期間内に様子を見て、期間を過ぎたら継続するかどうか話し合う

例えば、全員決まった時間帯に勤務している会社がフレックスタイム制を導入するとしましょう。フレックスタイム制を導入するにあたって「誰もいない時間帯が出てきたときに、電話番はどうするのか?」といった問題も発生します。そういったことも踏まえて解決プランを社内で想定しつつ「まずはいったん、半年間やってみる」とフレキシブルに対応することが必要です。実際に、「どうしても駄目だったら半年でやめる。継続できると判断した際は本格導入する」という方法で半年間フレックスタイム制を導入した会社もありました。「時間をかけて常に一つのルールを作って、一度ルールを作ったらもうそれ以降は変えない」という感覚ではなく、フレキシブルに「やりたいこと、目的に沿った形で制度を変えていく」姿勢が、今後は重要になっていきます。そういった形で前向きにさまざまなルールを、フットワークを軽くして作っていく必要がある時代になってきているかと思います。

この点を踏まえた上で、以下、法律面も含めて具体的なルールづくりについて確認していきましょう。

2. 同一労働同一賃金のポイント

同一労働同一賃金は令和2年4月からスタートした法律で、中小企業は令和3年4月から対象になりました。まずポイントとして「均等待遇」と「均衡待遇」というものがあります。

「均等待遇」とは、「同じ仕事内容だったら同じ給与・待遇にしてください」というもので、一番わかりやすいかと思います。その言葉そのままで、「同一労働だったら同一賃金にしなさい」ということです。ただしもう一つあって「均衡待遇」というものがあります。これは「全く同じ仕事ではないけれど、バランスのとれた給与・待遇にしてくださいよ」ということです。

「同じ仕事内容なら」という前提で定められていますが、以下の三つのポイントが全て同じだった場合、給与・待遇も同じにするべきということになります。

- 職務内容
- 職務内容・配置の変更範囲
- その他の事情

嘱託	契約	アルバイト
定年退職後に、過去の経験を活かしつつ、正社員の補佐的業務を担当する	担当する専門的分野・施設において経験を積み、担当分野において業務を担当する	限定された職務・責任で、一定期間において正社員、契約社員の補佐的業務を実行する
担当業務を軸に、部門全体の運営に寄与する	担当業務を軸に、部門全体の運営に寄与する	周辺業務も含めた担当業務を遂行する
部門における、任された役割に応じた責任を持つ	部門における、任された役割に応じた責任を持つ	原則として定められたルーティン業務とその周辺業務のみ責任を持って行う
勤務シフトについて、自らの契約に基づいて入り、全体の運用に協力する	勤務シフトにおいて、自らも含めて全体を考慮して運用できるように責任を持つ	勤務シフトについて、自らの契約に基づいて入り、全体の運用に協力する
あり	あり	あり
なし	なし	なし
なし	なし	なし
なし	なし	なし
原則禁止	原則禁止	制限なし
役職つかない	役職つかない	役職つかない
なし	なし	なし
—	—	—
原則フルタイム	原則フルタイム	個別契約
	1年以内	1年以内
	無期転換者　申込み　400人	
	65歳	65歳

職務の比較例

			正社員
職務の違い	職務内容	基本キャリア	総合的・長期的に経験を積み、会社全体の仕事を理解し、将来の幹部も視野にキャリアを積む。施設の管理運営・マネジメントも任せる
		職務・責任の範囲	会社全体の運営に寄与する
			会社全体のあらゆる業務に、指示に応じて対応する
		勤務・職場運営責任	勤務シフトにおいて、自らも含めて全体を考慮して運用できるように責任を持つ
	変更の範囲	職務の変更命令	あり
		職場の変更（転居なし）	あり
		転居を伴う転勤	あり
		勤務時間の変更	命令
	その他事情	副業	原則禁止
		役職登用（最高役職）	最高位まで
		人事考課	実施
			昇給・賞与・昇格に反映
		勤務（1週間）	フルタイム
		期間の定め	なし
		定年	60歳

■職務内容

職務内容に関しては、業務の内容そのものに責任の程度も含めた形で判断します。見た目は同じような仕事をしている社員でも、正社員とアルバイト社員それぞれの責任の程度が異なるのは当たり前です。例えば以下の業務内容の場合、正社員が担当しているケースは比較的多く、アルバイトが担当しているケースは少ないかと思います。そういうことも含めた形で、職務内容を見ていきます。

- クレーム対応の有無
- 本社の社員に報告する業務の有無
- 営業数字の責任を持っているかどうか

■職務内容・配置の変更範囲

転勤や職種変更（幅広く仕事をする必要性があるのか、限定的に特定の業務だけを担当するのか）の有無や、変更の範囲の広さを踏まえます。

■その他の事情

例えば「定年で再雇用されている人」のように、「いったん定年退職している人は、雇用され続けている人とは違う」という考慮が、職務内容にも反映されます。その点を踏まえつつ「同じなのか?」「違うのか?」「違っているのならどの程度違っているのか?」を見ていくことが大事です。同一労働同一賃金など待遇に関する説明は、入社時、または本人が質問してきた際に、しっかりと説明をする義務が定められています。

また裁判前の段階で、同一労働同一賃金に関して争いになった場合のために、労働局のような裁判外の紛争手続きを行う場所も作られています。

賃金制度は各社で異なりますので、しっかりと制度を作りつつ、その上で「うちの会社はこういう考え方でやっていますよ」という取組みを説明できるかどうかが重要です。非正規の方々も含め、そこで働く人たちが「不合理ではない」「差別されていない」と思えたり、納得感を持ったりできれば良いのです。自社の考え方・方針を示す形で、整備をしていく必要があると思います。

各社が制度を作っていく中で、参考にすべきものは以下の二つです。

・厚生労働省から出ているガイドライン（同一労働同一賃金のガイドライン）
・裁判で争われた判例について（特に最高裁）

最高裁ではない裁判例も参考にはできますが、判決がくつがえる可能性もあります。そのため、既に最高裁で確定されている考え方や事例を、ガイドラインとともに一緒に見ていきましょう。

具体的には賃金等を四つの区分に分けて検討すると整理しやすいでしょう（162〜163ページの図参照）。

まず、「賃金の根幹的な報酬」に関して話していきます。これは基本給や賞与、退職金などが該当する話です。これらに関する今までの裁判では、比較的「会社側の裁量権」も含めて考慮してくれています。基本給や賞与などに関して、「会社がどう説明するのか?」ということです。

次に業務関連の手当です。これはよく役職手当や出張手当、通勤手当など、いろいろな手当があるかと思います。定義付けに応じて、正社員であろうと非正規であろうと基本的には「同じ待遇で払いなさい」という話になります。

通勤手当は「会社に通ってもらうための実費として払う手当」なので、正社員でもアルバイトの人でも、通勤にかかる費用は同じです。それを差別することはおかしいということになります。定義付けをして、その定義に該当するのであれば、業務関連の手当として同等に払わないといけません。

一方で、福利厚生的な側面を持つ手当もあります。例えば住宅手当や扶養手当、病気休暇手当などがこれに該当します。これに関しては「なぜ出しているのか？」いう支給趣旨が重要です。特に住宅手当と扶養手当に関してはガイドラインで明示されていませんが、過去の「日本郵便事件（令和2年10月15日）」では、「契約社員にも扶養手当を出しなさい」という判決が出たこともあります。

扶養手当とは、一般的には生活保障や福利厚生を図り、扶養親族のある者の生活設計等を容易にさせることを通じて、その継続的な雇用を確保する目的で出す手当です。そのような趣旨から「扶養手当」が存在しているのなら、「継続的に雇用されている人・継続的な勤務が見込まれる人に関しては、正社員、契約社員を問わず扶養手当を払いなさい」ということなのです。

判例から、「〝どのような趣旨でこの手当が出ているのか〟というところまで踏み込んで、手当の支給を考えていくべきだ」ということがわかります。


最後は、福利厚生施設や転勤住宅、健康診断の措置など、非金銭的な待遇の話です。このような手当は全て原則的に、同様の扱いをしないといけません。

福利厚生的な手当に関しては、「差別的なことをしない」という基本的な考え方と、「中〜長期の正社員雇用を確保するために」という趣旨が含まれます。とはいえ、「この手当は必ずこうすべきだ」という決まりはありません。

ガイドライン	判例（すべて最高裁） ○不合理でない　×不合理	
能力・経験・成果・勤続年数などに応じて決定している場合は、同様もしくは相違に応じて決定すべき	長澤運輸事件	○
業績・貢献に応じて決定している場合は、同様もしくは相違に応じて決定すべき	大阪医科薬科大学事件	○
明示せず	メトロコマース事件	○
同様もしくは相違に応じて支給すべき	ハマキョウレックス事件	×
同様もしくは相違に応じて支給すべき	ハマキョウレックス事件	×
同様に支給しなければならない	ハマキョウレックス事件 長澤運輸事件	×
同様もしくは相違に応じて支給すべき	長澤運輸事件	○＊
同様に支給しなければならない	日本郵便事件	×
同様に支給しなければならない		
同様に支給しなければならない	ハマキョウレックス事件	×
同様に支給しなければならない	ハマキョウレックス事件	×
同様に支給しなければならない		
同様に支給しなければならない		
明示せず	ハマキョウレックス事件 ＊転勤の有無が関係	○＊
明示せず	日本郵便事件	×
勤続期間を評価して与えないといけない	日本郵便	×
勤続期間を評価して与えないといけない		
同様に認めなければならない（期間まで）	日本郵便事件	×
同様に利用させなければならない		
同様に利用させなければならない		
同様に与えないといけない		
同様にしなければならない		

具体的項目		
根本的・ 中心的報酬	会社側の決定裁量は比較的広い	基本給
		賞与
		退職金
業務関連手当	定義づけに応じて支給が必要 ＊役職手当は役職についていないなら支払わなくても不合理でない	無事故手当
		作業手当
		皆勤手当
		役職手当
		年末年始勤務手当
		出張手当
		通勤手当
		食事手当
		単身赴任手当
		地域手当
福利厚生手当	支給趣旨に基づき、該当者には支給が必要	住宅手当
		扶養手当
		夏季・冬季休暇
		法定外休暇
		有給病気休暇
非金銭的待遇等	原則として同様の待遇が求められる。ただし、勤続年数・時間に応じての付与は検討余地あり	福利厚生施設
		転勤住宅
		慶弔休暇
		健康診断措置

以上みてきたように、同一労働同一賃金については一つひとつの「賃金」について、その趣旨や会社の考えをはっきりと示し、それを働いている労働者全員にしっかりと浸透させる必要があります。明らかに不合理な制度は行政指導が入る可能性はありますが、基本的には会社と社員がその制度において納得しているのであれば、問題は生じません。賃金をめぐる労務トラブルは、そのほとんどが会社と社員の賃金に対する認識が共有できていなかったり、会社側があえて説明をしなかったことで誤解が生じて起こっています。経営者が良い制度だと思っても、労働者側から見れば不公平だったり納得のいかないといったことも多いのが賃金です。賃金の決定というのは、経営にとって非常に重要なことなので、すべてを合議で決めていくということは、多くの会社では現実的ではないでしょう。しかし、組織のコミュニティ化が進み、自律した社員が増えてくるのであれば、高い視座を持ったメンバー間ではできるだけ賃金制度もオープンにしていくべきでしょう。経営者だけで決めるのではなく、同一労働同一賃金の趣旨にしたがって、どのような賃金の決定方法ならば不公平がなく皆が納得できるものになるか、社員も議論に参加する仕組みを作っていくべきです。

3. 多様な働き方と就業規則作成のポイント

就業規則を実際に作っていくときに重要なポイントである、以下の内容を挙げておきます。

・社員区分の明確化
・時間管理　裁量労働などの変形労働時間
・服務規律や懲戒
・メンタルヘルス（健康診断　ストレスチェック　産業医　休職）
・ハラスメント
・給与規程における、各手当の支給の意味・定義化
・育児・介護に関する規定

■社員区分の明確化

これは規定を作るにあたって大原則にあたります。特に今後、いろいろな働き方をする人が出てくることを踏まえ、「誰にその規定が適用されるのか？」「誰には適用されないのか？」をはっきりさせておかなければいけません。

正社員や契約社員、アルバイト、短時間正社員など、さまざまな雇用形態の方が存在しているので、まずは全ての規定に「誰が適用されるのか？」を明確に記載しましょう。

■時間管理　裁量労働などの変形労働時間

今回の働き方改革でのポイントにもなっている、時間管理の部分です。これに関しては極力、多様な働き方ができる規定を作る必要があります。例え現在は「今まで、そんな働き方はしなかったよ」「そういう労働者はいないよ」と思っていても、「将来的に実施するかもしれない」と今後の可能性を盛り込んでおくことは重要です。

例
・1年単位または1カ月単位の変形労働時間制 ・フレックスタイム（法改正によって3カ月に延長されています） ・各種の裁量労働制 ・事業場外のみなし労働

■服務規律、懲戒

これは当然ですが、服務規律と懲戒は明確に記載をしておく必要があります。服務規律は一緒に働く上で守るべきものとして、会社の姿勢を表現するものです。それに関連して、「どうしても規定を守ってくれない社員」に対する懲戒を設けることも重要です。

会社側は就業規則に記載されている懲戒しかできないので、性悪説に立ちながら、さまざまなトラブルを想定して、事前に懲戒を決めていく必要があります。そして社員とのトラブルが起きた時に備え、懲戒の事由を多く列挙しておく方が良いでしょう。

■メンタルヘルス（健康診断　ストレスチェック　産業医　休職）

メンタルヘルス関連のルールも明確に規定しておかないといけません。今回も法改正の中で、さまざまな安全配慮義務の決まりが出てきています（例：労働者50名以上の事業場であれば、1年以内毎に1回ストレスチェックを実施する義務がある）。

あと特に重要なのが、休職制度のことです。近年の多様な働き方の中で、ストレスを感じてしまう人やメンタル不全で休職する方も現れてきています。もちろん身体的な体調不良を抱えている方もいますが、最近では精神疾患で休職する方も増えてきています。そのような時に休職をしてもらって、「どれだけの休職期間（待っている期間）を設けるのか」「休職期間を過ぎても心身ともに回復しきれていないと判断した場合、いったん退職するべきなのか」という枠をはっきりとさせておくことが非常に重要です。

■ハラスメント

セクハラやパワハラなど、あらゆるハラスメントを防止するためには「この言動はハラスメントになるから絶対駄目ですよ」という決まりを、就業規則に定めて周知することが必要です。起きないに越したことはないのですが、以下の内容も明記していくことで、起きてしまっても速やかに調査をして対応できるようルールを準備することが重要です。

・ハラスメントが起きたときの通報の仕方
・社内の仕組み
・ハラスメントが起きた後の対策方法

ハラスメント問題は非常にセンシティブな問題なので、ハラスメントを行っている者への対策を秘密裏に行ったり、被害にあった社員の方に配慮したりするなど、プライバシーに配慮する方法も決めておく必要があります。

■給与規程における、各手当の支給の意味・定義化

先述したように各種手当の支給や、支給する意味を定義することは非常に重要です。「その手当は本当に必要なのか」「何のために出しているのか」と改めて見直していきましょう。趣旨を曖昧にしてしまうと、同一労働同一賃金の面でトラブルが起きてしまうかもしれません。例えば、「賞与はどういう意味で出しているのか？」という問いがあるとします。賞与を支給する理由は、以下のように、

さまざまあるかと思います。

例

・夏冬の季節的な給与の後払いとして支給するもの
・業績を分配する、成果の分配
・中～長期に働いてもらう人への、将来に向けてのインセンティブ

　そのため、それを支給する趣旨を考えて、ルールに盛り込むようにしておくべきだと思います。

■育児・介護に関する規定

　これに関しては「育児介護休業法」を軸にして、法律にのっとった形で作っていきましょう。育児・介護休業を多く取れる会社の方が実際働く人にとっては理想なので、長く働いてもらうための重要なポイントです。令和4年には4月と10月に法改正もあったので、それにも対応が必要です。
　育児・介護に関する規定は最低限の内容で済ませるのではなく、「自社でできる最大限の範囲で、育児・介護している人に働き続けてもらえるルール制定」をぜひ考えてみましょう。

4. テレワークルールのポイント

コロナ禍でテレワークも当たり前になってきました。

テレワークを織りまぜながら働くことも考えると、まずは「テレワークとはなんぞや?」を定義付けしていかなければいけません。

■「テレワーク」の定義付けと条件

テレワークと一言で言っても、以下のように自宅以外の場所で働くことも考慮する必要があります。

- サテライトオフィス
- フリースペース
- コワーキングスペース
- 喫茶店　など

そのためまずは「テレワーク」の定義を、「在宅のみの勤務を対象にするのか」「在宅以外での勤務を認めるのか」「喫茶店などの飲食店での作業は認めるのか」など、細かく決めていく必要があります。

「テレワーク対象者」の決め方に関しては、「正社員の勤続年数」や「上司の指示が必要な業務かどうか」「雇用形態」で判断することもあります。

「会社命令」なのか、「希望者のみをテレワークにするのか」、またはその両方に該当するのかという点を踏まえることも重要ですが、労働方法の選択肢の一つとして、テレワークがあってもいいのではないかと思います。

今回のように、新型コロナウイルス流行という影響で強制的に行うケースもあるため、もしもに備えて柔軟に対応できる決め方をしておきましょう。

■テレワークの労働時間と報告方法

当たり前のことですがテレワークを行うにあたって、労働時間の把握は重要です。これを行うことは難しいのですが、「テレワーク時に残業は基本的に認めない」方針で行っている会社は多いと思います。会社側にとっては見えない場所で働いているので、仕事内容と勤務時間は明確に決めておきましょう（残業は禁止するなど）。労働時間の把握方法は多々ありますが、具体的には、勤怠管理アプリの利用や、出社・退社のチャットまたはメール等で本人申告をする方法があります。どのツールを使って労働時間を把握・報告するのかも事前にしっかり決めておきましょう。

加えて、1日の報告数（1日に1回なのか、都度報告なのか）を決めておくことも重要です。

■費用負担と手当

やはりテレワークを行っている企業の中には、光熱費やテレアポ手当を支給しているところも多いです。この手当を日額または月額にするのかもきちんと決めていきましょう。また、テレワークが多くなると交通費が不要になる（または少なくなる）ので、テレワーク手当や交通費に関する規定を定めなければいけなくなるケースも、今後増えていくかと思います。

実際自宅で働くとなると、パソコンの費用や水道・光熱費、電気代などの負担も重要です（元から自分用のパソコンを所持している労働者の場合は、どう給与計算するのかも想定して、給与の計算方法を決めておきましょう）。

そのため、「テレワーク手当の中に、水道代や光熱費、電気代などの費用も含まれていますよ」という形で説明をしている会社は多いです。

■情報関係の管理

情報漏洩が起きてしまうことを避けるために、事前に通信情報機器やソフトウエア関連の管理方法、秘密情報の保持の仕方などを、しっかりと決めておきましょう。

5．副業に関するポイント

副業に関するものとして、平成30年に厚生労働省から『副業・兼業の促進に関するガイドライン』が出ております（令和2年9月及び令和4年7月改定）。副業規定のポイントですが、まずは「対象者を誰にするのか？」という面から考えていかないといけません。

企業の中には副業を禁止しているところも一部ありますが、法律上、会社側が「副業禁止です」と強制する行為はできません。理由として日本では憲法上、「職業選択の自由」が保障されているからです。

これを聞いた方の中には、「憲法上では職業自由だと言われているのに、なぜ禁止できるのか？」と疑問を抱く方もいると思います。

全面的な「禁止」ではなく、「副業規定」をつくり、その上で副業ができる条件を定めておくという方法を多くの企業がとっているのです。

副業規定を作るにあたって、まずは以下の内容を細かく定義していく必要があります。

- 副業を行っても良い条件
- 副業の申請手続きや申告すべき内容
- 申請手続きの流れ
- 副業が可能な労働者とは
- 対象外となる副業の内容（例：同業他社での勤務、会社の信用を傷つけるような仕事など）

ちなみに副業規制をする趣旨によっては、禁止または制限する線引きも変わってくると思います。例えば、「自社のキャリアに関係することを求める」という条件を出すケースもあります。

そして次に、健康管理も重要です。例えばフルタイムで勤務している正社員が、別会社でアルバイトをしていることになると、法定労働時間を超えてしまっている可能性が高いかと思います。もちろん法定労働時間を超えて働くことは、健康面に支障をきたしてしまう恐れもあります。「本業にも支障が出たらどうしよう」と考えたうえで、副業を認めない会社も多いです。そういったケースを想定して、「こういう場合は認めませんよ」とはっきりと定義しておきましょう。

時間管理の問題は非常に重要で、残業したときに「どちらが残業で払うのか？」という問題が出てくるケースもあります。労働者として働く場合は、労働時間はどこで働いていようと通算されます。

例えば、A社では週に10時間、B社では週に10時間、C社では週に30時間働いている労働者がいるとします。この人は合計で週50時間働いていることになるので、週40時間の法定労働時間よりも10時間分超過してしまいます。そこで、「10時間分の残業代はいったい誰が、どの企業が割増で払うのか？」という問題が発生してしまいます。

その対策として、ガイドラインでは、「自己申告で、どこの企業で副業しているのか、そして何時間働いているのかを申告してください」と明記されています。

所定労働時間に関しては、契約した順序が重要なポイントです。

例えばA社・B社・C社のうち、最後に契約した企業がC社だとすると、既に20時間働いている状況の中で「30時間働く」ことがわかります。その時点で法定労働時間よりも10時間分超えているので、「割増賃金をC社が払いなさい」という結論になります。

一方で、週10時間で契約しているA社で12時間分働いた月があった場合は、A社で働いた12時間のうち「2時間分の割増賃金」をA社が支払う必要があります。

すべての労働時間を把握して管理することは現実的に考えて、非常に難しいと思います。しかし労働者として契約されている場合、きちんと管理していくことは重要です。ちなみに会社の社員が労働者ではない雇用形態で、例えば以下のような働き方で副業している状況下では、この労働時間の通算問題とは関係ありません。

・個人事業主
・フリーランサー
・家業の手伝い

そのため、「他社で雇用されての副業は認めないけれど、個人で行う副業は認めますよ」という方針を打ち出している会社も多くなってきています。

6. 労働者以外の働き方

先述したように近年では、フリーランスとして働くケースが非常に増えてきています。その影響か、フリーランスとして働く部分でのトラブルも今まで以上に多発しています。これまで多くの会社では、労働者（正社員・契約社員・アルバイトなど）としての雇い方がメインだったかと思います。しかし今後は、フリーランスとしての働き方も増えていくと予想されます。会社側は働いている人が「労働基準法が適用される労働者」なのか、もしくは「業務委託労働者」なのかをしっかり把握しておきましょう。

言うまでもなく労働者であれば、すべての労働関係の法律が原則適用されるので、最低賃金や社会保険、労働者災害補償保険（通称：労災保険）も適用されます。そして、その労働者の時間管理も行わないといけません。

業務委託労働者の場合、現段階では民事上の契約になります。「下請法のようなフリーランスのための法律も必要だ」と言われているように、業務委託労働者との労働契約の問題は未だ未整備のままです。だからこそ、「しっかりと契約書で明確にしておくこと」は非常に重要です。「表向きは業務委託・フリーランスなのに実態は労働者だった」というトラブルが発生しないように、労働者の判断基準を把握しておきましょう。

基本的には、使用従属性に関する判断基準「(1)指揮監督下での労働か」にあるかどうか。そして「(2)報酬の労務対償性」が重要です。それに補完するものとして、厚生労働省の『労働基準法研究会報告（労働基準法の「労働者」の判断基準について)』(昭和60年)が出ています。

ちなみに、労働基準法における「労働者」という定義と、労働組合法での「労働者」という定義は違っていて、それぞれ異なる視点で「労働者」を捉えています。労働組合法での判断基準については、最高裁の方で示されている六つの基準があります。そのため、その六つの基準に沿って判断しないといけません。経営側は労働組合法より、労働基準法を基準にして「労働者かどうか」を判断する意識をする必要があります。

最近では「UberEats」のように、マッチングサイトを経由して働くギグワーカーが増えています。自由な働き方で素晴らしいのですが、今まで以上にフリーランサーの保護をする必要が出てきました。

実際、「ギグワーカーは労働者です」と裁判所が判断した国も増えてきています。そのことを踏まえると将来、労働者と同じように、いろいろなフリーランサー向けのルールが実態に沿った形で制定されていくと考えられます。現状として、いまだ「労働者か、労働者ではないか」という問いを意識して、契約を結んでいくことは避けられません。しかし今後の法改正や裁判などで状況が変化していく可能性もあるので、今はその判断基準をきちんと確認しながら、お互いに納得した形で会社も労働者側も、満足しつつ多様な働き方ができるよう、積極的に進めていくべきでしょう。

第6章　コミュニティ経営のすすめ

お金だけではない『目には見えない価値』を大切にする組織運営とは

ＥＳ（人間性尊重）の考えを柱に、多様なつながりのもとで事業と活動の両面を動かし、地域社会の課題解決・新たな価値創出に取り組む持続的な経営のあり方を「コミュニティ経営」と呼び、ここまで解説してきました。

この章では、コミュニティ経営の考えを体現している企業、コミュニティ型組織として人事システムを動かしている企業、協働から創発へと組織の状態が変容し続けている企業など、さまざまな組織体でのコミュニティ経営実践例をご紹介しながら、これからの時代の新しい組織のあり方・働きかたについて、考えていきたいと思います。

「四国でいちばん大切にしたい会社大賞」受賞

世界で活躍するものづくり企業が大切にしていること―株式会社スワニー

香川県東かがわ市には、卓越した技術と実績で「世界のＳＷＡＮＹ」と呼ばれている株式会社スワニーがあります。米国のスキー手袋市場でトップシェアを誇り、国内でも有名ブランドの手袋をＯＤＭ生産。創業80年以上の手袋製造技術を活かしたマスクや、杖代わりになるキャリーバッグ、世界最小クラスの車いすなどさまざまな製品を開発・販売されています。

「自由闊達、社員が主役」という社風のもと、２０１３年には「四国でいちばん大切にしたい会社大賞」にも選ばれています。代表取締役社長（当時）板野司さんに会社経営について伺いました。

■社長の娘婿というプレッシャーを乗り越えて

――まず、板野司社長ご自身のキャリアや、経営者として心がけていること、社長に就任されるまでの歩みを教えていただければと思います。

板野：私はサラリーマンの家に生まれ、新卒でスワニーとは別のアパレル商社に8年勤めていました。先代社長の娘婿という形で結婚したのがきっかけで、30歳のときにスワニーに中途入社。

当時は「将来的に社長になる」とは言われていませんので、他の社員と同じように営業をしていました。その間、常に「社長の娘婿として仕事が出来なければならない、正しくあらねばならない」というプレッシャーにさいなまれてきました。社長に就任したのは2009年です。そのときに娘婿という立場は変えられない、ありのままの自分でいながら「いつまでも社員の気持ちを忘れないでいよう」と思い、自分のことを〝社員長〟と呼ぶようになりました。

社員の気持ちを忘れずに、社員に寄り添った経営、人を大切にする経営というものを常に志しております。

――昔から「人を大切にする経営」を大事にしていらっしゃったのですか？

板野：社長就任前に、2年間ビジネススクールに通っていたことがあるのです。左脳系のロジカルな勉強で、先生は「業界水準以上の利益率を上げ続け、継続することが会社の目的だ」とおっしゃっていました。私はこれに違和感があったのです。２００８年に坂本先生の『日本でいちばん大切にしたい会社』という本を読んだとき、第1章の冒頭に会社の目的が書いてありました。

「会社の目的は以下の5人をその順番どおりに幸せにすることです。一番は社員とその家族。二番目が取引先である社外社員とその家族。三番目がお客様。四番目が地域社会。五番目が株主、オーナーです」と書いてありました。

自分の育ってきた環境も含めて、これがすごく腑に落ちたのです。今でもその気持ちを忘れないようにしています。

■クレドを取り入れたES経営

――クレドを導入した経緯を教えてください。

板野：私が社長になるときには会社の理念と呼べるものが社是しかなかったのです。より社員があるべき姿を明確にしたほうがいいなと思い、クレドを作りました。

人事・労務さんにサポートをいただきながら、社員たちがプロジェクトチームをつくって、半年かけてクレドを作成したのです。それができたことによって、目指すべき方向性が明確になりました。

浸透活動を通してクレドのワードが腑落ちしていったことで、自由闊達でチャレンジ精神があり、グローバルにものづくりができる組織文化ができたと思います。

ホテルを借りて盛大に発表会をしたあと、毎年プロジェクトメンバーを変えながら、10年間浸透活動を続けてきました。「ありがとうカード」もそれ以降ずっと続けています。本社の社員は70人なんですけど、毎週150~200枚くらいのありがとうカードを玄関に貼っています。

――板野司社長の言葉のはしばしに、クレドにひも付く話がたくさん出てきますし、おそらく社員の方もそうだと思います。クレドが日常に刻み込まれていると、組織の力になるのだろうなと感じています。

板野：弊社では毎週1回、クレドに関する朝礼をしているのです。これを続けることによって、みんなの中でクレドが腑落ちし、自然と言動にあらわれるようになっているのだと思います。

■良い習慣を定着させるために必要なこと

――スワニーさんの継続力と、確実に実践されている姿は非常に良い取組み例だなと思います。その継続の力はどこからきているのでしょうか？

板野：やはり関係性の質を向上することが大事だと思います。具体的にいうと、みんなが一人ひとりに寄り添うことです。今はどうしてもＳＮＳの時代なので、何でもデジタル化したり、非接触にしたりすることが多いですが、親睦会や社員旅行、手書きのハガキなどアナログを大切にしています。

大事なことはまずは自己開示だと思います。弊社では毎日２人が朝礼で話すようにしているので、仲間の家族構成や趣味、最近何をしたかということまで、みんながよく知っています。

そういう自己開示に加えて、思い出をつくることも欠かせません。人事・労務さんも、日光を歩いたりしていますね。後になって楽しかった事もつらかった事も、共通の思い出をみんなが持てるかどうかが案外大事です。

――職場のみなさんが共有できる思い出はすごく価値があるものだと思います。ただ、若手社員の自己開示はなかなか難しいのではないでしょうか。板野司社長が意識していることはありますか？

板野：去年は若手を10人くらい集めて勉強会をしました。１年間かけて勉強会をしていると、一つの若い塊というのができます。そこで情報開示したり、「こういうことをしよう」という願望が生まれたりするのです。今は新卒採用のリーダーや、ツイッターの運営等を若手社員に任せています。今の若い子たちは成長意欲や公欲が大変強いので、チャレンジできる機会を与えるのが大事です。

――チャンスが平等に与えられているのですね。

板野：弊社には先代の社長のころから、非常に分け隔て無い文化が根付いていました。先代は足が悪く子供の頃はいじめにもあったせいか、平等精神を昔から唱えてきました。海外でもビジネスを展開する上で、現地化を大切にしています。「常に相手は同じ人間だ」という気持ちで接し、現地スタッフと一緒にごはんを食べてお酒を飲む時間を大切にしています。

コロナ禍においてはなかなか中国やカンボジアに行けなかったのですが、なんとか回せていけるという手応えがありました。Ｚｏｏｍなどのコミュニケーションがあるのはもちろんのこと、現地で人が育っていると感じました。

――分け隔て無い文化がある中で、絆を深めていったことで、ピンチにも揺るがない強い組織ができたのですね。

■便利な商品とサービスで喜びと感動を提供する

――スワニーさんには、手袋や持って歩けるキャリーバッグ、車いす、マスクなどの魅力的な製品がありますｏ その発想や企画はどこから生まれてくるのでしょうか。

板野：キーワードはいくつかあるのですが、やはり自由闊達で、チャレンジ精神があり、なおかつグローバルにものづくりができるという組織文化が大事なのではないかなと思います。

2020年の2～3月頃、全国的にマスクが不足しました。そのとき社内で「手袋の素材や縫製技術を使って、マスクができるんじゃないか」という声が上がったのです。形と素材にこだわったマスクを販売したところ、高価な部類にも関わらず、35万枚くらい売れました。

——そういうアイデアを形にする推進力や実行力も組織の力なのだと感じています。

板野：私たちのミッションは「便利な商品とサービスで喜びと感動を提供する」ということなのです。そういう精神でみんなものづくりしていると思います。最終製品はアウトプットなので、インプットである組織文化や製品を生み出すプロセスも大事にしています。

——作っているみなさんもお客様の声を意識していらっしゃるのですか。

板野：はい。スワニーバッグは毎月7000～8000通のアンケートが返ってくるのですが、そこにご自分の熱いおもいを書いてくださる方がいらっしゃいます。それにいかに製品開発で応えていくかということを意識しています。

■アフターコロナを見据えて

――最後にスワニーさんの未来について伺いたいと思います。コロナで世の中は大きく変わりました。板野社長はこれからどういった世の中になっていくかと思いますか？

板野：コロナの世の中をひとことでポジティブに言うと「未来が早くやってきた」ということです。これだけ非接触の文化が広まり、デジタルの技術も入ってきたことで、グローバリズムも加速しました。そういった意味では我々は「ビジネスチャンスがある」と思っています。我々の価値をどんどん世界に伝えていって、喜びと感動を与えられるような会社になりたいなと思っています。

――自社の利益と社会貢献を融合させながら、輪を広げていくスワニーさんは、まさにゼブラ企業*だと感じています。

＊　サステナビリティを重視し、「共存性」や「社会貢献」に価値を置く企業のこと。

板野：その輪をどこまで広げていきたいのかが大事です。私達は中小企業ではありますが、ビジネスをグローバルにしているので、世界の人たちまで届くような会社でありたいなと思います。最近、スワニーのパーパス(大いなる目標)を『世界中にあたたかさを届ける』としました。「自分のために、社会のために、世界のために」という社是もそうなのです。社員を中心にして、自分たちの価値（あたたかさ）を世界の隅々まで広めていく。自分たちの感謝の気持ちをずっと広げていく。そしてそれは最終的には自分に返ってくるという精神を掲げています。

「評価しない」人事制度の構築へ──アミタホールディングス株式会社

アミタホールディングス株式会社は、「この世に無駄なものなどない」という信念のもと、持続可能社会の実現に真っ向から向き合っている会社です。資源循環やエコラベルの認証審査といった産業の環境化事業に加え、地域社会の課題解決に寄与する事業展開は「まさにゼブラ企業」という印象を受けます。今回、新たに人事制度構築をするに至った背景や、作成の意図について、代表取締役社長兼COO（当時）佐藤 博之さんに話を伺いました。

■本当の意味での豊かさや幸せとは何か？

――これからの時代は、利益を追求するだけではなく、地域や社会の課題を解決する企業が伸びていくと思っています。社会貢献という考えと、人事制度をどのように結びつけていったら良いのかというのは、我々としても非常に注目しているところです。アミタさんにはそういった観点から話を伺いたいと思います。まずは2021年から始まる3カ年計画で、会社としてどんなことに挑戦していくのかというところから教えていただけますか？

佐藤：アミタグループとしては、これまでもいろいろな形で社会に変革をおよぼそうと思って、新しいチャレンジをしてきました。今回改めて社会デザイン事業ということで見直しを行ったのです。もともと「持続可能社会の実現」ということは掲げていましたが、さまざまなテーマの柱があり、統合できていない部分もありました。

テーマを決めて分業していく部分最適では、いまの社会課題はなかなか解決しませんし、本当の意味での豊かさや幸せが実感しにくいと思うのです。例えば、移動という面ではリニアモーターカーができてきました。数十年前と比べて経済的には非常に豊かになり、多様なニーズは満たせているはずです。しかし自殺する人が毎年たくさんいらっしゃることを考えると、本当に幸せになったとは言えないと思います。

結局部分的にサービスを提供するだけではダメで、統合的に世の中のデザインをしていく視点が必要です。我々が個別の企業や地域に提供しているサービスも、「暮らし」という点では共通しています。

改めて、縦糸と横糸を組み合わせていくような形で、社会をデザインしていくことを掲げ、統合的な事業サービスをしていくことに挑戦しています。

「価値創造」や「挑戦」というのは、単純に価格が安くなればいいとか、リスクが減ればいいということではありません。単純ではないので難しいのです。人は買い物一つとっても、値段や品質などさまざまな要素を考慮しています。単純な意思決定はありません。

改めて、世の中にとっての価値を考えて、我々なりの答えを見つけないといけないと思っています。簡単ではありませんが、そうしなければ、世の中はよくならないと思っているわけです。

例えば、クリーンエネルギーさえ広がれば世の中はよくなるのでしょうか？　それは違うと思います。それだけを単体でしてもダメなのです。極端に言えば、「地球温暖化が止まっても、人間が不幸になってもいいのですか？」という話です。そこまで突き詰めて考えたいと思っています。そういうことが人事制度にも結びついていきます。

――アミタグループの方とお話をすると、若い社員さんもかなり高い視座を持って事業に取り組んでいることに驚きます。その思考パターンというのは、どのように浸透させているのでしょうか。

佐藤：若いほうが頭はやわらかいですし、その間に思考のくせや世の中を見る視点を養っていく必要があります。人間はどうしても目の前にある報酬のほうに意識がいきがちです。もちろん会社ですから短期的な収入も必要ですが、それだけでは未来は作れません。そういう考えが、新しい人事制度にも反映されていると思います。

――会社として、総合的なサービスをしていく上で、規模感の話もされているのですか。

佐藤：会社の規模についてはほとんど話すことはありません。ただ会社の影響力はもっと大きくなっていくべきだと思っています。「知る人ぞ知る」では社会的な影響力があるとは言えません。Appleとまでは言いませんが、規模が小さくても記憶に残るような影響力をつけたいと思っています。「社会を変えよう」と言っている会社なのですから、そうならないといけませんよね。

もちろん社員の数も増えて、収益だってもっと上がらないと現実的には難しいです。利益は評価の裏返しですから。ですがそれは手段であって、目的ではありません。

――社会課題を解決したいということは昔から言われていましたが、その一方で収益を上げることに関してはメッセージを出されていますか？

佐藤：私は毎週「雑記」と評して、全社員にメッセージを出しています。そこで社員に「あなたにとって会社ってどんな存在ですか」と、いくつか答えの選択肢を出して聞いてみたのです。これは反響が大きくて、たくさん返事がきました。その中で「自分の夢や志を実現する存在」「仲間と一緒に何かを成し遂げるための存在」という二つをあげる人が大勢いたのです。おそらくそういうことを思っている人間でないと、アミタに合流（入社）してこないと思います。もちろん「生活の糧を得る場」という側面もありますが、社員は、いま申し上げたことをやるためにアミタにいると思うのです。利益とミッションを天秤にかけているわけではなく、会社と社員のおもいが重なっているわけです。

「自分の夢や志を実現する」「仲間と一緒に何かを成し遂げる」というおもいがあってこそ、アミタに合流してくれるし、働いてくれていると思います。平たく言うと、持続可能な社会をつくり、世の中をよくしたい。もっと多くの人を幸せにしたいというおもいのために汗水流して働いているのです。それを形にするために利益が必要という認識です。

——ここ数年で世の中の流れがだいぶ変わりました。世の中がアミタさんのしていることに追いついてきたという印象を受けます。実際に、10年前と比べて若い人たちの意識が変わったと感じることはありますか？

佐藤：私がアミタに合流したのが2008年です。その当時から、人材募集をかけたら、多い年で6000人くらいの応募がありました。ある意味特異なことをしていたので、若い人たちを惹きつけていた部分はあると思います。今はSDGsや、ESG投資が普通の雑誌や新聞にも出るようになり、世の中のメインストリームになってきていると感じます。ここ3～4年くらいの変化はものすごく大きいです。そういった会社も増えている中で、我々の存在理由や、成すべきことを尖らせようとしています。目標を掲げるだけだったら誰でもできるので、実現してナンボです。

■ 短期的な評価を手放すことで見えてきたこと

――今回評価制度を大幅に改定されました。弊社も設計に関わらせていただきましたが、佐藤さん自身が、人事制度でやりたかったことを改めて教えていただけますか？

佐藤：とにかく「評価」をやめたかったのです。最初の動機設定もそこにあります。先ほどの話ともつながっているのですが、我々はみんなアミタで何かやりたくて入ってきているわけです。もちろん給料が少ないよりはたくさんもらったほうがいいに決まっていますが、成果主義で評価された結果、給料が上がったり、下がったり、昇進したりしなかったりすることに抵抗感がありました。「評価されるから成長する」という考え方がアミタにそぐわないと感じたのです。「評価されるからがんばる」「評価されたいから努力する」という考えには違和感を拭えません。日本は90年代くらいから成果主義や評価制度を無理やり導入し、失敗している企業もたくさんあります。日本人には成果主義はなじまないと思うのですよ。

先ほど会社の存在意義を、「仲間と一緒に何かをなすため」と答えた社員が多いと言いました。そういう気分って、日本人の多くが持っているものではないでしょうか。

短期的に成果を上げたり、儲けたり、「あなたの能力がこれだけあがったね」と評価することは、アミタの目的にあまりヒットしません。そこに使う労力や時間を減らして他のことに向けたいと思い、今回評価制度を廃止しました。

もちろん、等級が上がっていくときに基準を満たしているかを確認するポイントはありますが、短期的な評価にとらわれないようにしたのです。そうしたら社員から、「これまで半期ごとの評価を気にして、目標達成のために仕事していたのが嘘みたいです」と喜ばれました。それがうれしかったのですよ。

基本給は少しずつ上がっていきますから、目先の評価は気にしなくていいと思っています。それよりも、夢や志という長期的な目標達成に向かって挑戦し、大きく成長して、大きく貢献してほしいのです。やりたいことが仲間とできるようになる。そしてそれが達成されていくという、挑戦と成長を見ているわけです。

――先ほどの、「高い視座を持って働く」ということにつながりますよね。人は半年後の評価を気にすると、目先の数字など細かいことにとらわれてしまいがちです。「半期では評価が変わりませんよ」というだけで、かなりチャレンジがしやすくなるのではないでしょうか。本質的なことも見えるようになると思います。そういう意味では狙いどおりになっているなと感じます。

佐藤：評価に一喜一憂したり、「チャレンジして失敗したら給料が下がる」と思ったり、「みんなに迷惑をかける」といった思考性が働かないようにしています。もちろん失敗をおそれる気持ちは誰でもありますが、短期的な評価に結びつけなければ、のびのび挑戦できると思っています。

――経営者にとって、人事権は伝家の宝刀というところがあって、なかなか手放すのは怖いという人も多いと思います。評価制度をなくすことに対して、上層部の反発はありませんでしたか？

佐藤：アミタにはそういう思考回路の人間はほとんどいないのではないでしょうか。それよりも「評価が嫌」という人が多いですね。その前の段階でチーム評価にしていたこともじわじわとは影響していたとは思います。経営者仲間にこの話をしたら、「評価をやめたいけどできないんです」と言っていました。

――評価をやめたときに、チームの一人ひとりが自覚をもってチャレンジしていかなければいけないと思います。チームの働き方として意識されていることはありますか？

佐藤：一時期、個の成績を重視して評価したことがあったのです。「やれば成績が伸びる」「売り上げが伸びる」という状態のときは評価制度もありだと思います。要はわかりやすい儲け方があって、工夫すれば売上が伸び、評価も高くなるという時期です。当社も10年以上前はそうでした。営業がガンガン売って「あいつはすごい！」と言われた時代もあったのです。そういう仕事であれば、「評価」という側面があってもいいのかもしれません。ただそんなにシンプルな話ではないのです。今のアミタのように、価格競争の領域に入るものではなく、考えて「本当の価値」を提供するということになると、個々の能力だけでは達成できなくなってきます。みんなで知恵を出し合い、違った力を束ねて、上位のソリューションを生み、提供することが大事になってくるのです。一人ではできないことが増えて、力を合わせないと良い仕事ができなくなっています

時代の移り変わりもありますが、アミタとしては、チームやグループで一緒になって大きな成果を出していくことを、さらに強調しています。自分を律して、役に立とうとすることは二律背反することではないと思います。その中で自分の役割を主体的に考えるということです。

――多様な働き方になっている中、社員の働き方という点で、今回の制度に込めたおもいというのはありますか。

佐藤：今回コースを三つにしましたが、それに関しては今も悩ましく思っています。前の制度では、正社員は価値創造を行うコース（いわゆる総合職）一つでした（現：価値創造職）。今回は、それ

に専門性を発揮して価値創造をするコース（高度専門職）と価値の増幅と生産性の向上に貢献するコース（価値生産職）を加えたのですが、正解だったかどうかはまだわかりません。例えば「リーダーシップを発揮するのは苦手だけど、コツコツと製造現場の改善を積み重ねることで全体の価値創造に貢献する」という役割があってもいいのではないかというおもいで評価制度の中に新たなコースを作りました。

いろいろな力を発揮できるようにしたいと思っていたので、名前のつけかたもすごく難しかったですし、責任も感じています。コツコツ確実に会社を良くしていくのも大事ではないですか。仕事として、事業としてやっている以上は、そういう方々が報われるような仕組みが必要かなと思いました。

――私も一緒に制度作りをさせていただく中で、それが非常に難しいところだなと感じました。コース分けすると上下関係が生まれてしまいます。佐藤さんは、そのコースを決定するまでの面接をものすごく丁寧にされていましたよね。コースを決めるときのご苦労もお聞きしたいのですが。

佐藤：上司はサジェスチョンだけして、最終的なコースは自己決定に委ねました。ただ給与には差をつけたのです。いわゆる価値創造職が中心なので、改めて社員が「もっと価値創造に関わることをしないといけない」と思ってくれるとうれしいです。ただ人間はそう簡単にかわらないので、そのあたりの心配はあります。

とくに難しいのは年齢がそれなりに高く、役職者のほうが年下というケースです。こういうケースも最近増えてきました。若い人間は、いろいろな可能性があると自分もまわりも思っています。ベテランになるほど過去の成功体験からなかなか抜け出せないもので、そういう人にどう、答えのない新しい挑戦に取り組んでもらうか、がいちばん難しいです。

——確かにそうですよね。賃金制度についてはいかがですか？

佐藤：年功序列ではないですが、基本的には少しずつベースアップしていきます。それは保証しますが、「天井がくるからね」とは伝えています。全く上がらないということだと家族も納得できないではないですか。

——滞留している年数分は自動的に上がっていくということですね。そのへんはわりとすぐに決まったのでしょうか。

佐藤：そこにあまり迷いはなかったですね。

——あまり他では見ない制度だと思いますが、社員さんも当たり前のように受け止めているのでしょうか。

佐藤：どうなのでしょうね。これまでも少しずつ昇給していったので、そこには抵抗感がなかったようです。前回の評価制度は、ものすごく細かい職能の設定があり、かつチーム評価だったので、それが変わっているという認識は大きかったのではないでしょうか。

■社員が主体的に考え、成長を目指す

――先ほど、社長の「雑記」に返信があるという話がありました。しっかり思考するためにお互い話し合ったり、真っ正面から受け止めたりするという文化は昔から大事にされていたのですか？

佐藤：私が合流して以来は、常にそういうことを思考するようにと日常的に言っています。ただ、それは十分できていないから言い続けているわけですよね。当たり前のレベルが高いのです。例えば、事後報告すれば、自己研鑽のために1万円使えるというのは、他にはないと言われました。成長に関することであれば、どんどんやってほしいと思います。それが芸術鑑賞でも構いません。利用に制限はありませんが、事後にシェアできるようなことをやっているかどうかは問われます。社員が主体的に考えることが大事なのです。シェアの一覧がこれから蓄積されていくので。

――お互いの信頼があってこそですね。対話やシェアの文化は、テレワークになって変わった部分はありますか。

佐藤：みんな良い面で活用しているケースが多いのですが、「コミュニケーションできていないのではないか」という不安の声は上がっています。「リモートで打ち合わせをしているから大丈夫」ということで済ませてはいけません。今までであれば、隣に座っている上司に「これでいいですか？」と聞くことでその場で問題解決できたのに、リモートワークでつかまらないと「まぁいいか」と諦めてしまう様子が散見されています。良い面、悪い面が見えてきましたので、今年に入って改めて、会社としての対応を議論しているところです。

一人ひとりが持っている火種に灯火を当てる――湯河原リトリートご縁の杜

湯河原にある「ご縁の杜」代表深澤里奈子さんは、温泉宿の三代目として２０００年から26歳で女将を継ぎ、すぐに「理念経営」が大事であることに気付き、試行錯誤を繰り返しながら従業員一人ひとりの個性を引き出す経営を心掛けるようになりました。「従業員個々の自己承認力」「従業員同士の他人承認力」を高めるワークを旅館運営の中で実践し、自己確信をもった従業員が自然体でサービスを提供する形を作り上げました。２０１６年には料亭旅館からリトリートセンターへと大きな変容を遂げています。そんな深澤さんに、新しい時代の働き方や組織作りについてお話を伺いました。

■「傍楽（はたらく）」ことを考える

――深澤さんご自身の生き方にも関わってくると思うのですが、「ご縁の杜」さんのビジョンをお聞かせいただけますか。

深澤：「理念の木」というものを作っています。少しずつ変化していますが、目指しているものは同じだと思います。宿泊施設としてだけではなくて、人間のあり方やどう生きるのかというところを、一緒に考えたり、感じあったりすることを大切にしています。当社では働くことを「傍（はた）楽（らく）」と表現しています。自分と人の能力を高め合い楽しむこと、それが「はたらく」です。お互いの力をどれだけ最大限にいかせるかという循環があってはじめて、自分の「個」がどんな光りかたをするのか、どこが成長させるべきポイントなのかわかります。

旅館のときからこのスタイルを続けて、2022年で7年目になります。基本は宿泊施設ですけれども、地球のことを一緒に考える「地球未来大学」を始めたり、出版社を作ったりしています。本屋さんになりたいわけではなくて、「小さな一歩を共に歩んでいきたい」というおもいから始めました。「自己探求をして本来の自分に還る」というところが私たちの根本です。

さまざまなワークショップを通して、何かズレを感じることについて語り合い、自分を見つめ合う時間も作っています。時には「今自分を卑下して相手を責めていたよね」と反省することもあります。そういった気付きを分かち合う場にしたいなと思っています。

――本来の自分に還るというのは、どういうことでしょうか。

深澤：「人とつながっている」というのが、感覚的にわかることだと思います。他人や他の生命体も全部つながっているんだなと感じたときに、自分にも他者にもすごく優しくなれます。そういう感覚で生きていきたいなと思います。私たちのミッションは、地球と人の本来のありかたを探求し、気付きと実践する力が湧き起こる環境をつくることです。

例えば「地球規模で旅館をするってどういうことだろう？」と考えて、地球46億年の歴史を森の4.6kmになぞらえるツアーも始めました。歩きながら、「今地球が始まりました。ここから人類が誕生します」というふうに説明します。もちろんみなさん頭ではわかっているのですけれど、歩くことで「ああ、そういうことか」と感覚的に理解が深まっていきます。別名「歩く哲学」と呼んでいるのです。そういうプログラムを通して地球や宇宙視点で考えることで、「私たちが生命体としてやるべきことは何か」というシンプルな答えにたどりつくのではないかと思っています。その答えは、人によって違っていても構いません。

――視座を高く持っているのですね。もし会社の中で真逆の考えが出てきたときにも、俯瞰的に見ることで第三の答えが出していけると思います。

深澤：会社というフィールドに、社長のコントロールや支配のエネルギーが入ると、全然違う答えが出てきます。これがいつの時代もテーマだと思います。ひと昔前は支配しているほうが社長も従業員もラクでした。今は個が立って、すばらしい時代になっています。

「ティール組織を作ろう」と思うと本当に難しいのですが、自分の頭の中の理想を突き詰めていくと、結果的にティール組織に近くなるのです。「これが私の喜びだな」「好きだな」「こういうことは絶対嫌だからやらない」など、自分の中から湧いてきた感情と丁寧に向き合い生きていったときに、初めて「生命体としての生き方」が組織として実現できるのではないでしょうか。

腐敗の方向に向かってしまう時があっても良いと思います。完璧でいつも成長していて腐敗がないなんて、生物としておかしいですから。そのことを知っていることが大事だと思います。いろいろな出来事を一つずつ味わいながら進んでいるという感じです。

■会社でエネルギーを循環させるためにすること

――自律分散型組織を目指すと、それが目的になってしまうケースがある気がします。そうなると必ず反発が起きたり、「これは嫌だ」という感情が入ってきたりします。目的と手段をはきちがえてしまったらいけませんね。

深澤：それはすごく思います。私たちが集まった場の中で起こることが真実なので、それが世の中と相いれないものであっても、肯定しています。ご縁の杜で神楽を始めることにしたのも、多くの人の個性に光が当たって、エネルギーの循環が起こっていくと感じたからです。会社はエネルギーをつくる場所でもあるので。

――会社で良いエネルギーを循環させるためにしていることは何ですか？

深澤：いま一番意識しているのは、自分自身の心に正直であることです。「やりたい」とか「やりたくない」ではなくて、その手前にある感情を見つめるのです。「いやだな」とか「うらやましい」なという一見ネガティブな感情のほうが、自分はどうありたいのかというところを掘っていく入口になると思います。例えば、「こんなことに協力したくない」と言っている方がいたとします。その感情の根っこを掘っていくと、実はエリアが違うことで孤独感があったりするのです。本当は一緒にやりたいけれど、こちらの感覚がわからないから遠慮する方もいます。そういった感情をきちんと一緒に見ていってあげるのが大事だなと思います。そのためには、一人ひとりの「情動」を見ていく場を作ることが必要です。

まずは一対一で、「この間こういうふうに思っちゃったんだよ」とか「なんだ、そんなことなら言ってもらえればよかったのに」と語り合える場があるといいなと思います。やりたいことを言えない方は、この職場でというよりも、人生でずっとやりそびれていたことがあるわけです。「このタイミングになると口をふさいでしまう」とか、「自分の意見が正しくなければ言ってはいけない」という思い込みが足かせになっていることもあります。例え反対意見に聞こえることでも、言ってみることで、「ああ、それいいね」となるかもしれません。ですから自分の心に正直でいることを応援したいです。

もう一つは、その場をつくっている人自身のエネルギーも大切にしたいです。例えば、会社だったら社長ですし、チームだったらリーダーですね。そういう上の立場の人間が、自分自身の弱さやネガティブなところにも自分で触れていくのが大事だなと思っているのです。私もコロナの影響で休業せざるをえないときには、「経営が苦しい」と言えなかったり、売り上げが立たないことを環境のせいにしたりすることがありました。ずっと一人で抱えて苦しむこともあります。

自分で納得して始めたことでも、社会の価値観に照らし合わせたときに「おかしくない?」と言われるとつらくなることだってあります。これまでは経営者がスタッフに本音を言えないから、経営者同士で集まって話し合ってたわけですよ。それをスタッフ相手に伝えることができたら、その瞬間に自分の苦しさや孤独感が完了するのではないかと思ったのです。

先日、自分の中のおもいをそのまま言葉にするワークをしたら、私はさみしさがいっぱいあることがわかりました。特にスタッフが辞めるときにさみしいのです。経営者の嘆き、弱さ、あるいは「辞めるな」という意味に捉えられたくない、今まではさみしさを押し殺して、「がんばって」と応援してきました。でも、その気持ちを正直にスタッフにシェアしたのです。そうすると、若いスタッフが「ああ、わかる。彼氏と別れるときそういう感じになる」と共感してくれました。仕事場と彼氏のことは普通交わらないのですが、根っこは同じだなと感じたのです。そうすることによって、上下関係がなくなって、正直に語り合えるようになります。

本当に、上の人間が自分に正直になれるかどうかが勝負なのです。横柄に「みんなをまとめるために俺はしゃべるよ」ではダメなのです。人と人が共感のエネルギーを発する、「共感資本主義」と言われている中で組織作りをするときに、大事なことは「自分がどれだけ正直になれるか」ということです。本当の意味で人と分かち合うことにチャレンジすることが、私のやるべきことだと思っています。

■「個性」に光を当てる働き方

――コロナ禍で社会が大きく変化しました。いろいろな会社が副業を解禁したり、リモートワークを導入したり、多様な働き方を実践しています。ご縁の杜のみなさんはどんな働き方をされていますか。

深澤：「その人がどんなふうに働きたいか」というところから考えています。例えば、金土日はキッチンに入って、「キッチンワーク」というみんなで共感しながら料理を作る取組みをしている方もいます。タイ古式マッサージができる方には、脳内整理ができる施術をしてもらっています。お客様が来てくれるので、実践の場にもなりますよね。自分の持っているものをきちんと技術として活かしていく意識を持っている人を育てることが使命だと思っています。

スタッフが辞めてしまうのはもちろんさみしいですが、そこを乗り越えて、本当の意味で応援したいというのが私のおもいです。自分の手もとを離れて、世界を作っていける人間になることを応援したいからこそ、余計にさみしさが出てきます。軽い気持ちで付き合っていれば、そこまでさみしさはでないかもしれません。「なんとかしてこの子を大海原で泳がせたい」と思うからこそ、別れるときに切なくなります。

——たしかに、副業をさせたことがきっかけで、社員が辞めていったら怖いと感じる社長さんと、「やってごらんよ」という社長さんに分かれると思います。でも結局、大海原に放たれた個人がどうなるか、一人ひとりに試される時代に突入すると思います。

深澤：もう一つ付け加えると、経営とは、「計を立てること」だと思っています。計というのは縦の軸です。自分からわきでる縦の軸を外側に表現して営んでいくことが経営だと思っています。これは一人ひとりの人間に存在している素晴らしい熱量だと思うのです。内側の世界を外側に向けて現実化させていくのがすごく大事な気がします。みんなそれぞれ力を持っていますが、最初は経験がなくて出し方がわかりません。だから組織やチームの中で鍛錬しながら自分の強みを表現していくことを学ぶのです。そんなふうに、自らを経営できる人になってほしいと思っています。

——組織の変容とともに個人の変容というのが大事な要素になっていきますよね。これからの時代の個の在り方についてお聞かせいただけたらと思います。

深澤：私の中では、「一人ひとりが社となる」というイメージがあります。誰かに頼ってエネルギーをもらおうとか、無意識に人のエネルギーに向かっていくのではありません。いつもいつも自分の内側を見つめる力があって、「一人でもやる」という覚悟のある人が応援されると思います。実際に、「自分で描いたものを実現して生きていくんだ」という雰囲気の人には、奇跡のような流れや繋がりが生まれることがあります。今はマインドフルネスもビジネス界に広まっていますが、内省していくことも自分の感情を見つめる上で大切です。

「ポジティブなほうがいい」という時代が長くあったのですが、ネガティブな感情も正直に伝えるということをお互いに続けていくと個も立つし、エネルギー循環がうまくいくと思います。

――ニュースを見ていると「日本社会は大丈夫かな」と心配になったり、自分たちの在り方に自信を失ったりする時期があります。そういうときも自分の感情を見つめていくということですね。

深澤：そうです。一人ひとりが持っている火種に灯火を当てるということを、私もここで実践しているわけです。それぞれの場所で気付いた人からしていくことしかありません。支配階級の施策として情報操作はあるかもしれません。それでも私たちの最後の火は消せないと思います。その火は、コロナのような緊急事態のときほど、バーッと燃え上がるのです。

協同労働で広がる〝働く豊かさ〟の可能性―ワーカーズコープ

「ワーカーズコープ（労働者協同組合）」とは、働く人や市民がみんなで出資し、民主的に事業を運営していき、地域に役立つ仕事を自分たちで創り出していく働き方です。２０２０年12月には、労働者協同組合法も成立。「持続可能で活力ある地域社会の実現」という目的が定められました。

ワーカーズコープは、サービスを利用する利用者や家族、地域に住む人たちと〝協同〟しながら、事業を運営します。「対話」を大事にし、話し合いながら新しい仕事や地域活動に挑戦します。「ともに生き、ともに働く」社会をつくる『協同労働』の組織づくりについて伺いました。

■組織の力関係は？

――ワーカーズコープには上下関係はありますか。

ワーカーズコープ：上下関係はないようにしています。一人ひとりが平等に意見を持つように仕掛けていくことが一番大事です。すべての現場でそれができているのかはクエスチョンがありますが、それがあってこそワーカーズコープなのかと思います。

私が事業所長をしていたときには、所長として「これをやろう」ということを提案していました。そこに対してみんなに自由に意見を出してもらった上で、「どう変化させていくか」という話し合いができるのが、ワーカーズコープの運営だと思います。一定の決定権は現場にあり、所長を選ぶのも現場です。所長がいなくなったときにも本部から来るわけではなく、次に誰を所長にするのかということも、基本的に現場で決めます。

私が所長をしていたときも、当然できないことはたくさんありました。自分一人で「あれもこれもやらなきゃ」と抱えていたときに、仲間が言ってくれたのは「とにかく肩の荷を下ろしてほしい」ということでした。そういうふうに言ってもらえるような組織です。

――みんなが意見を出し合うように仕掛けるという話がありましたが、どのようにしているのでしょうか？

ワーカーズコープ：基本的なルールとして毎月会議をしますし、日々のミーティングもしています。週報や日報も一人ひとりが書くというルールもあるのです。結局、決まりとして行ってしまうとただの「やらされ感」にしかならないので、どういう意味を持ってやるのかは、現場ごとに考えています。

ますか?

——一般的な企業でも「会議をします」「朝礼をします」というルールを作っているところは多いですが、忙しくなると途中でやめてしまったり、会議の目的が徐々に変わっていき自然消滅したりすることもあります。当たり前のように継続するために工夫していることや意識していることはありますか?

ワーカーズコープ：私の実感としてはとにかく言い続けていくことかなと思っています。ただ「やれ」と言うのではなくて、状況も見て「こうしたほうがいいんじゃないか」というふうにつなげていく必要があります。事業所の活動内容を決めるときも、組織の方針と活動がどう結びつくかということをリーダー層が話していくことによって、その活動自体に意味が出てくるのかなと思います。

——ワーカーズコープのみなさんは、非常に「対話」を大事にしていますよね。みなさんいろいろな背景を持って集まって来られている方だと思うので、入社したての方が戸惑うところもあるかもしれません。それが徐々に変化していくプロセスについて教えてください。

ワーカーズコープ：入社してから1〜3カ月くらいは自分から発言するというのは難しいと思うので、「問いかけ」が大事です。話し合いが少しでもできる会社であれば、リーダーや先輩から「君はどう思う？」という言葉が出てくるはずです。もし、気心の知れた人たちだけで話して決めるというのであれば、新しい方は「どうなんだろう」と思いますよね。ただ数で決めてしまうのではなくて、声が出せない人たちのことも省みる感覚も培われていけるといいのではないかなと思います。

この社会の中で期待されているワーカーズコープの存在というのがあって、私たちは何をすべきかという背景があります。それにプラスして、全国の事業所の事例を集めて「ここまで実現できている仲間がいるんだから、やってみようよ」と話しています。「どうしたら自分たちの事業所でもできるか」というところをそれぞれのリーダーが考えた上で、「みんなこれだったら食いついてくるよね」「これは興味ありそうだし、ここから始めよう」ということを考えて提案しているのです。みんな意見を出しやすいように工夫していると思いますよ。

自分なりに仕掛けていって、「こんな面白いものがあるよ」「これを作ったらみんなが喜ぶよ」ということを話してやる気に火をつけると、自発的な取組みになるんです。強いられて行動するのとは違う次元になります。「やろうよ、やろうよ」と言っていてもなかなか動かないときもあるのですけれど。ちょっとでも動きだしたときに「ああよかった」と思います。

――これだけの情報量を咀嚼して、さらに自分の事業所で動かすために、いろいろな言葉が交わされていると思うのですけど、そのためのアウトプットの時間はどうやって作り出してるのですか？

ワーカーズコープ：資料はきちんと全員が読んで、わからないことがあれば質問を出すように言っています。また、全国の事業所の代表が集まる前に、いったん事業本部でも会議をしています。そこではさまざまな取組みについて、まず顔を知っている仲間たちがどのように実践しているのかを話してもらうのです。いろいろな取組みや、そこで得られたことを話してもらうと、何もしていない事業所の代表も「やったほうがいいんだな」と感じます。そういうところで学び合ったり成長したりしているので、他の事業所との横の連携も大事です。

――企業の中には、部下がSOSを出しても気付かなかったり、気付いてもスルーしたりすることがありますよね。ワーカーズコープさんは日頃から目を配るという部分をどうしていますか。

ワーカーズコープ：やっぱり個人の力に任せて仕事をしているわけではないので、とにかくまわりを気にしていないと仕事がうまくいきません。そういうところで「あの人大丈夫かな」と自然に気にかける部分につながっていると思います。私も十数年企業にいましたが、普通は別の支店や営業所に電話して「ここのところ、どうやってるの？」と聞かないと思います。ノウハウを教えたくないし、うまくいっていないという弱みを見せたくないですから。ワーカーズコープではそういうところが全然ありません。あっけらかんとして「こうなっちゃってさ、どうしようかな」と所長同士で相談もします。そんな関係性もありますし、企画書もほとんどオープンです。基本的に競争がないので、みんなおおらかさはありますね。

――リーダーも現場の話し合いで決まるという話がありました。リーダーになったことで、逆にどんどん学びと言うか成長する機会が得られるという捉え方になるのでしょうか。

ワーカーズコープ：そうですね。一般的には昇格すると内心ガッツポーズをとるかもしれませんけど、そういうことはあまりありません。誰もリーダーをやりたがらないこともありますが、そういうときに誰かが引き受けてやってくれると、「この人に協力しなきゃ」という連帯感が生まれます。それで前よりも職場が良くなったということはありますね。

リーダーになってからは、メンバーと話す機会も増えるので、改めて現場のことを知り、学びになったりする部分は大きいと思います。

――さまざまな企業の話を聞いていると、例えば部長や課長、リーダーになることが目的になってしまって、「ではリーダーになった後はどうしたいのか」というところを問いかけると結構答えられない人が多いようです。そういう方がいざ管理職になると、自分がつらくなることもあります。ワーカーズコープさんでは、リーダーになったことで自分の変容を楽しむ部分があると思います。そういうところが企業の中にも広がっていくといいですね。

■リーダーとして大切な役割

——ワーカーズコープを運営する上で、リーダーとして大事なことは何でしょうか。

ワーカーズコープ：「とにかく話し合いをさせる」のが一番の役割ではないかと思います。きれいな言葉を並べる必要はなくて、みんなの話をどれだけ引き出せるかということが大事です。それができるのが、我々の中のリーダーなのかなと思います。いかに指示をしないで進めさせるかを考えています。

——リーダーの立場としての葛藤みたいなのもありますか？　悩みは所長さん同士で共有するのでしょうか。

ワーカーズコープ：相談できる相手は当然少ないので、孤独に悩みながらしているところもあるのですけど。全国所長会議や理事会、事業所長会議、エリア会議など、会議が相当細く設定されているのです。そこで、それぞれの現場の所長が「こういうことをしている」ということをひたすら話して共有するのがうちの会議なんです。議題があって意見を出して決めるというよりは、ざっくりとした方針があって、どう実践しているのかを出し合って、「あとは持ち帰って考えてね」というのが多数のレベルであります。それがリーダーたちの育成にもなるし、現場で考えて実践していく力にもなると思います。

――ナラティブですよね。しかもローカルを大事にして、そこで共感する人たちでつながっていく感じですね。

■地域とつながっていくために工夫していること

――言葉で紡ぎ出される部分や、対話を通して見えてくる柱があって、それぞれ地域に根ざした職場というのが出来上がってるんだろうなと思います。ワーカーズコープさんは「地域」という土壌が一人ひとりの中にあるんだろうなと思っています。そういった点で何かしている事や工夫していることはありますか?

ワーカーズコープ：地域で仕事する以上、それも当たり前と言うか。例えば店を構えていれば、隣の人にあいさつするのは当然ですし、人とのコミュニケーションを重視していたら、結局地域とつながっていくことになると思います。

一般的な会社はどうして地域とつながっていかないかと言うと、仕事として捉えてるからです。「これが地域のつながりなんだ」ということを意図的にミーティングや会議の中で言うことで、それが当たり前になっていくのかなと思います。例えば、ボランティアが近所に住むおじいさんを誘ったら、それで地域と繋がるわけです。そういうことを当たり前のように言っていくしかないのかなと思っています。

――ワーカーズコープさんはボランティアの方も参加している開放的な組織になっていますよね。

ワーカーズコープ：ボランティアが必要だというよりは、利用してくれる子どもや高齢者のために、「こういう人たちが来てくれたらありがたいな」という意図があって募集しています。最近打ち出しているのが、「社会連帯経営」ということです。その前は「三つの協同」ということを言っていました。仲間との協同、利用者との協同、地域との協同。仕事の中に地域というのは最初から含まれています。

利用者や働く人に対して、ドライな関係ではなくてもう少し踏み込んで話すことによって、その人の生活に触れられます。例えば高齢者向けの施設に通っている方が、家庭の中に障害のある子どもがいたら「こういう支援も必要だな」「こういうこともやってみよう」ということが出てきます。

――つながりがきちんと見えるように、意図的に対話する場を設けているのですよね。

ワーカーズコープさんは暮らしとつながっています。自分や家族、仲間では解決できない問題を、地域と協同して解決するということが、自然とできています。そういう会社が増えてくれれば、地域のいろいろな人が往来して課題解決も進みやすくなる流れができるのではないでしょうか。ワーカーズコープの皆さんの職場のあり方は、企業としては勉強するところがたくさんあると思います。

ワーカーズコープ：働く人や地域の人に踏み込んで課題を聞いたりするのは、企業活動としては効率が悪いですよね。聞いた以上はアクションを起こさないと無責任になるわけですし、むしろ企業イメージを損ねる場合があります。

私たちの場合は、聞く前提として「課題を解決することを仕事にしていく」という基本スタンスがあるわけです。リーダー陣が「それはダメだよ」と言うのではなくて、むしろ会議などで評価されるので、意識がどんどん入れ変わるのでしょう。

リーダーが「失敗してもいいからやろう」と言って挑戦を後押ししてあげると、学びにもなりますし、お互いの成長につながるのかなと思います。一緒に仕事している仲間が楽しそうにしていたり、人間らしい生き方をできる仲間が増えたりするのは嬉しく感じます。

――素晴らしいですね。方針というのはどう考えているのですか。

ワーカーズコープ：方針をそのまま伝えるのではなく、「現場の実践から生まれた方針なんだ」ということを伝えています。「自分たちの仲間が方針をつくった」と聞くと身近に感じますし、「だったらどう活かそうか」という話になります。私たちは実践について話す時間や、考える時間はすごく長くとっているので、とにかく非効率だとは思います（笑）。

――私たちがしている組織づくりの支援でもそこは本来すごく大事にしたいところです。新しいことを始めるときに必ず出てくるのは「それをやって何になるんですか？」という質問です。何かに挑戦するプロセスが大切で楽しいし、成長につながるというのを伝えていけたらいいなと思います。

ワーカーズコープ：新しい挑戦を認めるリーダーがいて、自然体として応援していくということだと思います。ずっと「仕事づくりとまちづくり」ということを言ってきました。仕事をとってくるより、「こんな苦労の中からこういう仕事が立ち上がった」ということのほうに重きを置いて評価する組織文化があると思います。

――一般の会社制度における評価とは、全然違う意味での評価ですよね。承認というか。公のものとして捉えるということですよね。「脱経済成長」という話もありますが、お金儲けについてはどのように捉えているのでしょうか。

ワーカーズコープ：学生と話していても、単なる「お金を稼ぐ」という働き方ではない仕事をしていくことが必要なのかなと思います。仕事はお金を稼ぐだけではなくて、生活の中にも仕事はあります。

仕事に関しては親の影響が大きいですよね。すべての親がそうではありませんが、勉強してすこしでも良い大学に入って、待遇の良い会社に就職して生活をラクにするという価値観を親世代が持っています。子どもも家庭での会話を引きずっているのかなと感じます。だから「ワーカーズコープはいいんだけどお金にならないんでしょ？」と言われることがあります。労働者の協同組合であり、労働者として生活できる収入を得られるように、自分たちで話し合い、利用者や家族・地域の方々とも相談しながら、持続可能な事業として発展させていくことが大事です。

市場を見ると、名だたる大手企業でも、なるべく安く雇用して効率良く回すために、社保に入れなくてもいいような非正規雇用を増やして人件費を少しでも下げようとしているところがあります。しかし、それでいいのでしょうか。そこがいま、私たちが直面している課題ですね。

仕事と関係なくてもいいので、課題を聞くことを意図的にしていき、小さなことでもみんなで話し合って実現することの積み重ねで、最終的に安心して暮らせるようになっていくはずです。「話し合い、実現、体感」を循環させているのがワーカーズコープなのかと思います。

――人事の世界でも「心理的安全性の高め方」というのはよく言われるのですが、そういうレベルの話ではないということですよね。手法の話ではなくて日頃から対話する文化が根付いていれば、わざわざそんな空気をつくらなくても自然と心理的安全性が高まる土壌ができるんだろうなと思います。

おわりに

皆さん、最後までお付き合いいただきありがとうございます。

最後のまとめとして何を語ろうかと思いましたが、今回、私たちが敬愛する田原真人さんに出版によせてご挨拶をいただくので、田原さんの書籍を紹介しつつ締めくくっていきたいと思います。

田原真人さんとの出会いは、2018年。ちょうど私の母が亡くなった年のことでした。やせっぽっちで気弱な私を、身体だけは横に大き過ぎるくらいまで育てていただいた母が急に亡くなったショックで呆然としていた時に、なぜだかわからないのですが、引き寄せられるように田原さんの自律分散型組織の考えに触れました。その時、田原さんが示した「いのちの二重構造」の循環の概念が、空っぽになった私の心を埋めるかのようにすっぽりと納まり、ここからの私の生きていく道を示してくれたのです。

詳しくは田原真人さんの『出現する参加型社会』をお読みいただきたいのですが、その書籍の中で、田原さんは以下のように述べています。

私は、自分を生きるとは、自我（エゴ）と自己（セルフ）という二重生命状態にある自分を自覚し、因果の物語を紡ぎ出やすい自我と、縁起を感じとる自己との間を行き来しながら、次々と派生する出来事を、伸びやかな物語生成力によって意味づけて生きることなのではないかと思う。
自分を生きる人たちが、その物語生成力によって「ともに生きる」物語を生み出していったとき、画一的ではなく流動し続ける生命論的世界観の物語が生まれるだろう。それは、機械論的世界観の暴力によって傷ついた心が癒されて非暴力化していくプロセスである。物語が変われば、世界の捉え方が変わり、世界は変わるのである。

（『出現する参加型社会』173～174ページより）

この田原さんの「いのちの二重構造」の考えに触れながら、これからの時代の「幸せな働き方とは何か」を、最後に皆さんと一緒に問題提起をしながらまとめてみたいと思います。

ＳＤＧｓの次の新たな世界観は、ウェルビーイングだと言われていますが、まさに幸せな働き方の追求こそがこれからの会社の存続そのものになっていくそんな時代なのではないでしょうか。今回の書籍では、そんな視点を踏まえ、中小企業のコミュニティ経営の文脈で自律分散組織を成り立たせていく人事の要素を私たちなりに述べさせていただきました。

組織には裏表が存在し、コインの表と裏というように、ヒエラルキーとコミュニティの表裏で経営が成り立っています。今までの時代は、ヒエラルキー型の経営の側面がコインの表面として全面に出ていた時代でした。しかしこれからは、背景として存在はしていたが意識されてこなかったコインの裏面のコミュニティ型経営というものが全面に出ていく時代となり、それにふさわしい人事システムを構築することが求められているのではないでしょうか。

そこでは、ウェルビーイングとは個人で完結するものではなく、人や地域、自然、そして過去や未来との繋がりから生まれる共有された概念として、ウェルビーイングという状態を各々の結びつきの中で育み、感じていくものなのではないでしょうか。

たまたま、この原稿を書いている途中にウェルビーイングに関する面白い内容を見つけました。1998年にWHOで話し合われたウェルビーイングの内容です。

その定義は、次のようなものだったそうです。

「健康とは、完全な肉体的、精神的、霊的及び社会的福祉の活力ある状態であり、単に疾病または病弱の存在しないことではない。」

WHOは、ウェルビーイングの定義に〝霊的な問題〟を取り上げ、人間が幸せであるという状態は肉体的にも精神的にも社会的にも霊的にも健康であること、と示したのです。(内田樹/釈徹宗『現代霊性論』講談社2013年4月12日)

結局この霊的といういかにもわかりにくい内容は、ウェルビーイングの定義から外されてしまったようですが、私はこの考え方に賛成で、田原真人さんが前述の著書でも述べているように、集合的無意識こそが、この〝霊的に活力ある状態〟に当たるのではないかと思っています。

私なりに解釈すると、「個人の身体性の範囲を超え、自身の存在意義に根ざした問いをも含んだ全人的な幸福感を根本に据えること」だと考えています。

また、思想家である内山節氏は、

「私という存在は、人と人との関係、人と自然との関係、自然と自然との関係の歴史の積み重ねの中で、場があり私が存在している」と述べています。

職場を場としてとらえた場合に、関係性の中で時空が積み重なり、そのような複雑な関係性で結ばれた場を私達はコミュニティと呼んでいます。

ウェルビーイング時代の人事制度は、人事制度のしくみそれぞれが単体で完結しているのではなく、コミュニティに埋め込まれた制度として捉えていくことが大切です。そして人事制度を通して聞こえてくる声を聞きながらコミュニティを運営していくことが大切なのではないでしょうか？

それでは、ウェルビーイングなコミュニティとして職場を捉えた場合、人事制度におけるそれぞれのパーツはどのような定義として見えてくるか最後に私たちなりにまとめてみたいと思います。

□**理念**：出発は、社長自身の存在意義を伴った全人的なおもいの源として存在するかもしれないが、理念そのものによって、個人が理念‼らしさに同化するのでなく個人一人ひとりの中で自分事として独り歩きするような存在。個々人の人間性・個性が一人でいる時よりも光輝き関係性の中で全人的な個人となっていく足がかりとして存在する。言語にすることが難しく、必然的に言語からこぼれ落ちる部分が出てくることに注意。

□**クレド**：仕事を通した自己の成長・やりがい・つながりなど〝お金だけではない目には見えない価値〟の存在に気付き実感するためのスイッチを入れる役割を担う。理念を実現していくための活動の範囲をお互いに確かめ合い、事業が利己的にならないように利他を発動させるためのキーワードを示す。よって、ただキーワードを唱えているだけでは意味はなく、日々の活動を通して、キーワードから生まれる身体性を伴ったエピソードを共有し、キーワードそのものの定義を自分達でつくっていく。

□**評価・賃金制度**：まず、会社の利益は、会社が、地域コミュニティに対してさらなる価値を発信し、貢献をしていく為の活動の資金であると捉える。社員や管理職の権威や虚栄心などのエゴを投影したものではないということをまず社長自身が認識し、お金へのエゴを外していくように心がけていかなくてはならない。よって、そこから生じる評価、賃金制度は個々人が職場、地域コミュニティで活動する為の資金であり制度を通して社員のエゴを駆り立てるようなものにならないように注意が必要。

□**規則・ルール**：規則、ルールの存在が職場の幸福に寄与するかどうか、それを定めた方がよいのかをよく吟味する。私達は次の2点から職場の規則、ルールを見ていく。一つが、どうしても二者間の価値観が対立しそこに一定の基準を設けないと職場の秩序が保てないと判断したときに、ある一定の基準をもうけトラブルが起きないように定めるのが一つ。一方であえて線を引かずに、会社としての方針・考え方はガイドラインとして明確に示しつつも、運用時にメンバーが自ずと判断し主体的に活用できるよう「間」をつくり一定の自由や対話を促すための、規則やルールを設ける。
□**教育体系**：教育の主体が大切。社員本人や会社にとってその教育が役に立つかという観点からだけではなく、その教育が地域や業界といったコミュニティにとってどのように寄与するのかといったさまざまな観点から教育を考えることが大切。個人の能力を高めたり会社が儲かるためだけの教育に陥らないように、過去、現在、未来の垣根を超えたところからコミュニティのあり方を再発見する。新たな教育は広く「共」としての要素を含んでいるかを判断。

これらは、弊社での実践知を通して観えた主観でしかありません。

しかし、私たちが今のこの社会に発信していきたいことは、コミュニティ経営をしていく中で職場が自分事として個々人の中に内在的に存在していきます。そのように、職場というものを、仕事を通して生きがいを形成していく場として捉えていくことなのではないでしょうか。まさに私たちは、新しい時代の転換点にいるのです。そこには、人事というものを一つの個別な人事システムとして完結するのではなく、利他心を動かすエンジンとして、コミュニティに埋め込まれたシステムという循環の観点から、人事の世界を見ていくことではないでしょうか。

各パーツで成り立っている人事システムの全体も会社全体の経営システムの一部であり、その会社全体もさらに大きな地域の一部となり、その地域もさらに大きな国という全体の一部、というように、全て全体が一部になるという自然の摂理を呼び起こすシステムとして人事制度を捉えていくことが大切なのではないでしょうか。

物質偏重のこの合理性と効率性の社会に対し、企業起点のコミュニティから、地域社会を豊かなコミュニティとして再発見していき、その結果、世界の平和へと繋がっていくことを願います。

華厳経に、「一即多、多即一」という言葉があります。一人ひとりが、個として独立しているのではなく、先程述べたように、部分が全体、また全体が部分というように、それぞれどれもが一であり、多であるというこの未分化の世界。

人事システムは、その本質を身体性をもって諒解していくための道具なのです。そのシステムをただ機械的に取り入れるのではなく、一人ひとりがはたらく喜び、そして生きる喜びへの根源を掘り起こしていく。その過程には、人事システムという道具を通した、対話や、身体性を伴った経験が必要なのです。

私達自身の話で恐縮ですが、弊社母体の日本ES開発協会の毎年恒例の勤労感謝の日のイベントに、「日本の未来のはたらくを考える」をコンセプトに、社長や学生、若者からお年を召した方まで、さまざまな方が日光街道を歩くというものがあります。働きがいや生きがいとは何かを、日光街道を舞台に問いかける、そんなイベントをやっています。

その日光街道の途中、春日部、関宿の地域には、首都圏外郭放水路という大きな地下貯水池があります。街の人には、地下神殿とも呼ばれ、地域のちょっとした観光地でもあるのですが、そこにメンバーと共に訪れた時、この地域に、唐突に、このような構造物があることにびっくりさせられます。

実はそこには、日本で初めて起きた環境問題である、足尾銅山鉱毒事件という、今にも通じる歴史的な文脈があり、渡良瀬川から流れ出る鉱毒をこの春日部の地で堰き止め、江戸を守ったという物語が今もこの地に土地の記憶としてあるのです。

先程述べた、一即多、多即一という言葉は、ただ概念として理解するのではなく、まさにフィールドに出て、この構造物を見た驚きそのものを感じることこそが大切なのではないでしょうか。この構造物が、はるか上流の足尾銅山の渡良瀬川と繋がり、さらには、ここでは議論はしませんが、当時の東京の人々を守ったというこの物語は、先の東日本大震災の原発の物語とも繋がっています。

私は、会社というものも同じなのではないかと思うのです。偶然にここに社員の皆さんが集まっているのではなく、全ては、意識・無意識の中で、一即多、多即一として繋がっているのではないかと頭の片隅に意識をおいておくのと、そうでないのとでは、会社の捉え方や働き方、そして私たちが生きる意味というものが変わってくるのではないでしょうか。

社会保険労務士として、弊社は、働き方改革を一環とするオンラインやＡＩ技術の発達により、在宅ワークや業務委託でのバーチャルの働き方の相談をよく受けます。コロナ禍の中、オンラインでの働き方は弊社でも推進していますし、私達も田原さんの先の書籍『Ｚｏｏｍオンライン革命！』を拝読し、弊社はオンライン推進派な事務所としていち早く田原さんのご指導の元、オンラインファシリテーターの認定をいただき、さまざまな会社にコロナ前からオンラインの導入を広めてきました。

現代社会には、直接足を運ばなくとも繋がることができるツールが整っており、以前よりも、オンラインで他との繋がりを作るという敷居は低くなってきています。オンラインは、業務を時間どおりに効率よく終わらせ、組織を機能として捉えていく会社のあり方としては確かに優れていますが、そこには、身体性や五感のような実感が伴いません。組織には機能の面とコミュニティの面の両面が存在していると冒頭に述べさせていただきましたが、はたらきがい、生きがいと言ったウェルビーイングの会社観から見た場合、オンラインだけでは、共感でつながるこれからの大切な会社のあり方が抜け落ちてしまうのではないでしょうか？

私は、吉原史郎氏・優子氏が代表を務める、「ＪＵＮＫＡＮグローバル探求コミュニティ」という団体に所属しています。基本皆さん、畑やプランターで野菜を育てていることが条件で、コミュニティはオンラインで毎週進められていくのですが、そのときの集まりのチェックインは必ず皆さんの育てている野菜や畑、土壌の様子について語りあった上で、人と人、人と自然、自然と自然がつながる仕事観、人間観、社会観を皆でオンラインでの対話を通して育んでいきます。

私は、オンラインでもこんなに安心安全な場がつくれるのかと、史郎さん、優子さんの場づくり、そしてメンバーの皆さんの感性の高さにいつも驚いているのですが、それらのオンラインでの繋がりは、リアルで相手と対話を交わしたり、数カ月に一度仲間の畑に訪れ、フィールドに出て共通の体験をすることにより、身体性を伴った体験のプロセスへと繋がっているのです。バーチャルとリアルの双方を行き来し、融合していくことこそが大切なのです。

このように、会社は、バーチャルとリアルな世界を行き来できるような橋渡しの場になるのではないでしょうか。

以上のことから、これからの会社経営者、そして人事総務の責任者の役割は、組織を単にお金を稼ぐための場として捉えるのでなく、全人的な人そのものの生きる喜びを追求していく場として捉えていくことが求められていくのです。

そこにはまず、経営者自身そして人事総務を担う皆さんから、会社と自分との関係性を問いかけ、ありのままの自分で社員や取引先、地域との関係を結び、その関係性からどのような価値観を生み出したいのかを常に問いかけていくことが大切だと思うのです。

最後になりますが、私自身に大きな気づきを与えていただいた田原真人さん、そしてなかなか出版に至らず、まとまるまで長い間お付き合いいただいた労働新聞社の高橋敏樹さん、宮嵜登子さん、ライターの土谷真喜子さん、三原明日香さん。私たちにさまざまな示唆を与えて下さった、ＪＵＮＫＡＮグローバル探求コミュニティの吉原史郎さん、優子さん、およびメンバーの皆さん。そして何よりも私自身の存在そのものであり、幸せの源泉である弊社有限会社人事・労務および、一般社団法人日本ＥＳ開発協会、９０３シティファーム推進協議会の団体メンバー、さらに忘れてはならないのは、私にいのちの深い気づきを与えてくださった地域の方々や、田心ファームを中心とした自然、日光街道を歩くイベント１４７キロの行程でのご縁や歴史ある道との出会いに感謝をいたします。

最後までお読みいただいた皆様、本当にありがとうございました。

有限会社人事・労務

代表取締役　矢萩　大輔

あとがきによせて

本書は、コミュニティ型経営の実践書である。豊富な実践知に基づく、人事制度や報酬制度の具体的提案は、コミュニティ型経営に取り組む経営者や人事担当者にとって、重要な手引きになるはずだ。組織とは、人間の協力の形であり、その最適解は目的と状況によって変化する。戦後の焼け野原から復興するときは、大量生産によって「モノ」を社会に行き渡らせることが、日本社会の「目的」であった。今は苦しくても未来は豊かになっていくという右肩上がりの見通しがあり、豊かになる将来のために、必死に働いて高度経済成長を実現した。当時の時代状況では、若いうちは我慢する「年功序列」と、将来報われる「終身雇用」の組み合わせが合理的だったのである。

しかし、1980年代にはすでに社会には「モノ」が溢れるようになった。「目的」を見失った日本社会は、その後、失われた30年と呼ばれる経済の停滞期を過ごすことになった。今後は、本格的に人口減少が始まり、社会全体が縮小していく見通しである。

縮小していく社会状況の中では、未来の豊かさと引き換えに、若い社員に我慢を強いる組織経営、人事制度、報酬制度は成立しない。右肩下がりの社会の中で生まれ育ってきた彼らが信じるのは、「未来」の絵に描いた餅ではなく、「今」の幸せな働き方であろう。現在の先の見えない社会状況の中では、一人ひとりの社員が、今も未来も幸せに働けることを目指すES（人間性尊重）に基づくコミュニティ経営が合理的なのだ。「未来」から「今」へバランスをシフトすることで、新しい可能性が見えてくるのだ。

では、一人ひとりが幸せを追求しつつ、組織として成果を上げるためにはどうしたらよいのだろうか？ 一人ひとりが自己利益を最大化しようとするなら、組織はバラバラになってしまうだろう。ヒエラルキー型組織は、契約と報酬制度によって一人ひとりの利益追求を組織の成果に繋がるように組み上げる仕組みである。しかし、働くことそのものに幸せ感を感じていないと、十分な報酬が得られない状況になると不満が募ってくるし、我慢して働く状態が続くと心身共に疲弊してくる。そこで、働くことそのものから幸せ感を得られるような個人と組織の在り方が求められてくるのだ。

私は、報酬や階級などを外発的動機付けによる「外発エンジン」から、共同体と個人の二重生命状態から生きる意味が生じて自己組織化する「共創エンジン」へ、組織の原動力を乗せ換えれば、一人ひとりの幸せと組織の成果を両立できるのではないかと考え実践してきた。

本書は、ESクレドを作るプロセスを通して、一人ひとりの想いを聴きあいながら、同時に共同体感覚が形成されていく方法を具体的に示している。共同体感覚と相互理解を土台にした組織では、状況の変化に応じて一人ひとりに出番が生まれ、個人の想いと組織の活動とが重なり合っていく。また、自分に出番が来ていない時でも、仲間の活躍を自分ごととして喜べる関係性が生まれてくる。このようなプロセス（共創エンジン）から生じる幸せ感は、一人では得ることができないものであり、コミュニティ型組織の原動力である。

ヒエラルキー型経営から、コミュニティ型経営への転換は、前提を見直して変容する営みである。自分を含む会社の一人ひとりのメンバーを尊重し、多様な願いを聴きあうには、人間としての成熟度が求められるし、一人ひとりの願いと組織の成果とを調和させていくためには、一人ひとりが自分と組織の関係について考える必要がある。個人の意識変容には時間がかかるだろう。しかし、ありのままの自分として他者と関わり、相互に助けあうことに「幸福感」を感じることができたらチャンスである。「今」の幸せな働き方を実感すると、それを手がかりにして変容していくことができるからだ。本書には、コミュニティ経営を目指す人が試行錯誤するためのヒントがちりばめられているので、それぞれの状況に合わせて、一歩ずつ、体験を通して確かめながら進んでいってほしい。

コロナパンデミックによって、未来が一気に混沌化してきた。私たちが信じられるのは、同じ時代を生きる仲間の「今」であり、本音の関係性をベースに共創することから生まれる「幸福感」であろう。社会に設定された方向性に沿っていればうまくいった時代は終わり、自分たちの組織内の共創による幸福を追求し、その延長として、周りの人や組織との共創による幸福を追求する、本来の「はたらく」が重視される時代が到来する。本書は、新しい時代の組織経営の実践的な手引書であり、バイブルになるはずだ。

田原　真人

◆引用文献【あいうえお順／書籍名　著者名　出版社名　出版年】◆

●『現象学とは何か：哲学と学問を刷新する』竹田青嗣／西研　河出書房新社　2020

●『心の隠された領域の測定　成人以降の心の発達理論と測定手法』オットー・ラスキー（著）　加藤洋平（翻訳）　Interdevelopmental Institute Press　2014

●『残業学 明日からどう働くか、どう働いてもらうのか？』中原淳　光文社　2018

●『実務でつかむ！ティール組織 " 成果も人も大切にする " 次世代型組織へのアプローチ』吉原史郎　大和出版　2018

●『すべては 1 人から始まる』トム・ニクソン（著）　山田裕嗣・青野英明・嘉村賢州（翻訳・監修）　英治出版　2022

●『組織も人も変わることができる！なぜ部下とうまくいかないのか「自他変革」の発達心理学』加藤洋平　日本能率協会マネジメントセンター　2016

●『出現する参加型社会（未来叢書）』田原真人　メタブレーン　2021

●『楕円思考で考える経営の哲学』常盤文克　日本能率協会マネジメントセンター　2017

●『ティール組織―マネジメントの常識を覆す次世代型組織の出現』フレデリック・ラルー（著）　嘉村賢州（解説）　鈴木立哉（翻訳）　英治出版　2018

●『データの見えざる手：ウエアラブルセンサが明かす人間・組織・社会の法則』矢野和男　草思社　2014

●『トライブ～人を動かす 5 つの原則』デイブ・ローガン／ジョン・キング／ハリー・フィッシャー＝ライト　ダイレクト出版　2011

●『なぜ人と組織は変われないのか―ハーバード流 自己変革の理論と実践』ロバート・キーガン／リサ・ラスコウ・レイヒー（著）　池村千秋（翻訳）　英治出版　2013

●『21 世紀の楕円幻想論 その日暮らしの哲学』平川克美　ミシマ社　2018

●『未来が見えなくなったとき、僕たちは何を語ればいいのだろう―震災後日本の「コミュニティ再生」への挑戦』ボブ・スティルガー（著）　野村恭彦（監修）　豊島瑞穂（翻訳）　英治出版　2015

◆著者プロフィール◆

有限会社人事・労務

1995年に社会保険労務士事務所として開業後、「ES組織づくりの有限会社人事・労務」として1999年に設立。現在、400社以上の顧問先を抱えるリーディングオフィスとして注目を集める。

2004年に「日本の未来の“はたらく”を考える」を掲げ、CSR活動をスタート後、一般社団法人日本ES開発協会を設立。

はたらくの原点である農に着目し、2011年に自社農園をスタート。その後、「下町の農と食で地域をつなぐ」を掲げる、903シティファーム推進協議会を立ち上げ、さらに2020年には、ボランタリーで運営する田心カフェをオープン。出資・意思決定・従事の三位一体の経営の実践が注目され、ワーカーズコープ準加盟団体となる。

また、2021年、ウェルビーイング×フィジカルを合言葉にした起業セミナー「ウェルファイアカデミー」を開講。身体性の伴った、幸福感ある起業を志す者が集い、web上でのメタバース環境を先取りした、Miroでのコミュニティの場を育てている。

ES（人間性尊重）経営を掲げて、個人の能力を最大限発揮できる場を創り出すことを目指しながら、農ははたらくの原点であると同時に、傍を楽にするという、つながりから生まれるはたらく豊かさを、実践を通して学んでいる。

はたらくの再発見、“場”としての会社を探求し続けている。

矢萩 大輔（やはぎ だいすけ）

有限会社人事・労務　代表取締役
社会保険労務士
一般社団法人日本ＥＳ開発協会　会長
903シティーファーム推進協議会　理事長

金野 美香（きんの みか）

有限会社人事・労務　ヘッドＥＳコンサルタント
厚生労働省認定ＣＤＡ（キャリアデベロップメント・アドバイザー）
一般社団法人 日本ＥＳ開発協会　代表理事
日本労働者協同組合連合会　監事

畑中 義雄（はたなか よしお）

有限会社人事・労務　チーフコンサルタント
社会保険労務士
日本児童文芸家協会　監事

コミュニティ経営のすすめ

あいだのある組織の作りかた

2023年10月12日　初版

著　　者　有限会社人事・労務

発 行 所　株式会社労働新聞社
〒173-0022　東京都板橋区仲町29-9
TEL：03-5926-6888（出版）　03-3956-3151（代表）
FAX：03-5926-3180（出版）　03-3956-1611（代表）
https://www.rodo.co.jp　　pub@rodo.co.jp

表　　紙　峯村　瑠一（「起きて一に、倫と奏でる。」代表）

印　　刷　モリモト印刷株式会社

ISBN 978-4-89761-947-7